ÉTIENNE GILSON
TROIS ESSAIS

BIBLIOTHÈQUE D'HISTOIRE DE LA PHILOSOPHIE

NOUVELLE SÉRIE

Fondateur : Henri GOUHIER Directeur : Jean-François COURTINE

ÉTIENNE GILSON

TROIS ESSAIS :

BERGSON – LA PHILOSOPHIE CHRÉTIENNE – L'ART

par

Henri GOUHIER

de l'Académie française

de l'Académie des Sciences Morales et Politiques

PARIS

LIBRAIRIE PHILOSOPHIQUE J. VRIN

6, Place de la Sorbonne, V^e^

—

1993

Printed in France
ISSN 0249-7980
ISBN 2-7116-1143-4

« Tout l'art classique français, si riche en chef-d'œuvres, ne les a produits qu'en dépit du principe fatal et parfaitement faux, que rien n'est beau que le vrai, le vrai seul est aimable ».

Etienne Gilson
Introduction aux arts du beau, p. 42

Je remercie mon collègue Nicolas Grimaldi qui m'a rendu le grand service de relire mon texte.

Le texte des deux premiers essais a été déchiffré par Madame Lina Lanoir, celui du troisième essai par Béatrice Compain-Gouhier.

INTRODUCTION *

Le P. Laurence K. Shook a publié à Toronto une importante biographie d'Etienne Gilson[1]. Laisserons-nous s'achever l'année 1984 sans rappeler qu'elle est celle du premier centenaire de la naissance d'Etienne Gilson? Celui-ci, en effet, est né à Paris un vendredi 13, en juin 1884; mais le mot «centenaire» n'évoque pas uniquement des souvenirs d'un lointain passé : Etienne Gilson était encore hier parmi nous : il est mort le 19 septembre 1978, laissant les manuscrits de deux ouvrages, *L'athéisme difficile* et *Constantes philosophiques de l'être*, publiés en 1979 et 1983[2], ce dernier ouvrage étant, en partie, une réflexion sur «la nouvelle aventure de l'être» que représente «le cas Heidegger».

Devant la longue vie et l'œuvre considérable d'Etienne Gilson, on voudrait simplement souligner deux faits essentiels.

Le premier est qu'à partir de 1926, Etienne Gilson a deux carrières : une à Paris et l'autre à Harvard d'abord, puis à Toronto. Après avoir enseigné l'histoire de la philosophie à Lille avant 1914 et à Strasbourg après son retour de captivité, Etienne Gilson arrive à la Sorbonne à la rentrée d'octobre 1921 où vient enfin d'être créé un enseignement d'histoire de la philosophie médiévale. Inutile de rappeler l'impulsion donnée par Gilson à ces études alors trop négligées dans l'Université et l'importance de ses propres travaux, notamment sur saint Thomas, saint Bonaventure, saint Augustin. En 1923, il devient professeur au Collège de France dans une chaire d'Histoire de la philosophie au Moyen Age qu'il occupe jusqu'à sa retraite en 1951. Or, ses ouvrages et la qualité scientifique de ses

*. Ces pages d'introduction ont été publiées dans *Le Figaro* de décembre 1984.

1. Pontifical Institute of Medieval Studies, X-412 p. (en anglais).

2. Paris, Vrin.

collections jouissent très vite d'une réputation internationale : en 1926 et 1927, il enseigne aussi l'histoire de la philosophie médiévale à l'Université de Harvard; puis les Pères Basiliens du Collège Saint Michel lui proposent de créer un Institut d'études médiévales à l'Université de Toronto : Gilson accepte. Cet institut fut ouvert le 30 septembre 1929. Désormais, chaque année, du milieu de septembre à la fin de décembre, Etienne Gilson est à Toronto. Il fait de son Institut le centre le plus complet dans l'Amérique du Nord d'études sur la civilisation médiévale sous ses divers aspects : philosophie, théologie, liturgie, paléographie, histoire de l'art, histoire des institutions avec une riche bibliothèque et des milliers de microfilms de manuscrits. Même après en avoir quitté la direction, Gilson continue à passer une partie de l'année à Toronto; son dernier séjour est de 1971 : il a quatre-vingt sept ans. Si l'on ajoute aux cours que Gilson donne sur place, de nombreuses conférences dans les Universités des Etats-Unis, on ne sera pas surpris d'apprendre que professeur et conférencier de langue anglaise, Gilson est aussi un écrivain de langue anglaise. Une partie de son œuvre a été éditée aux Etats-Unis, notamment un de ses ouvrages les plus importants, *The Unity of Philosophical Experience* (New York, 1937).

Sa thèse de doctorat, *La liberté chez Descartes et la théologie*, avait montré le jeune Etienne Gilson découvrant la nécessité de connaître les doctrines médiévales pour bien comprendre la véritable nouveauté de la philosophie cartésienne; il était naturel qu'il continuât en étudiant ces doctrines pour elles-mêmes. Le nom de Gilson, bien sûr, est d'abord attaché à l'impressionnant secteur historique de sa bibliographie où voisinent de grandes synthèses comme les deux volumes de *L'Esprit de la philosophie médiévale* et des analyses minutieuses, purement « techniques » si l'on peut dire, comme celles qu'il publie dans ses *Archives d'histoire doctrinale et littéraire du Moyen Age*. Toutefois, si Etienne Gilson s'est tourné vers l'histoire de la philosophie, c'est pour y chercher la philosophie : en suivant les cours de Bergson au Collège de France, il avait senti que là était sa vocation; il a ensuite cherché objectivement, comme le doit faire un historien, ce qu'était la vérité pour chaque philosophe qu'il étudiait : or en cherchant longuement ce qu'était la vérité pour saint Thomas, il a trouvé la sienne. Gilson philosophe aussi important que Gilson historien de la philosophie, voilà le second point qu'il convenait de rappeler.

Mais entendons bien : Gilson philosophe, c'est, en premier lieu, le métaphysicien qui n'a cessé de méditer sur le Dieu de *L'Exode* qui dit à Moïse : « Je suis Celui qui suis ». Mais c'est aussi l'homme qui n'a cessé de s'intéresser à l'humanité, de réfléchir sur les multiples expériences qui découvrent ses aspirations et ses inspirations. Bien significatives, à cet égard, sont les fines analyses qu'il réserve à l'amour humain, d'abord dans ce chef d'œuvre qu'est *Héloïse et Abélard*, dans ses livres sur Dante et Béatrice, dans *L'Ecole des Muses* enfin, où nous rencontrons Pétrarque et Laure, Richard Wagner et Mathilde Wesendonk, Auguste Comte et Clotilde de Vaux, d'autres encore... Mais ce qui l'a toujours profondément ému, c'est le mystère de la création artistique. Tout jeune, il assiste aux premières représentations de *Pelléas* et une manifestation « pro-debussyste » le conduira jusqu'au poste de police; son extraordinaire mémoire musicale lui permet d'écrire à un ami, en 1974 : « J'ai *Parsifal* tout entier dans mon cœur ». La diversité de ses curiosités offrit à Etienne Gilson la possibilité d'écrire une véritable philosophie de l'art ou plutôt des beaux-arts, dans laquelle la peinture devait occuper une place privilégiée. Rappelons seulement les conférences données à la National Gallery de Washington, *Painting and Reality* en 1955, reprises dans une version française, *Peinture et réalité*, où la distinction entre « peinture » et « imagerie » faisait au moins comprendre qu'une toile sans imagerie n'était pas contraire à l'essence de la peinture.

Etienne Gilson avait été élu à l'Académie française le 25 octobre 1946.

[illegible] entendons bien : qu'un philosophe est, en premier lieu, le métaphysicien qui ne cesse de méditer [illegible] Dieu [illegible] qui [illegible] donc [illegible] Mais c'est aussi l'homme qui ne [illegible] l'humanité [illegible] la multiple expérience qui [illegible] ses applications et ses manifestations. Bien [illegible] l'auteur [illegible] Héloïse et Abélard [illegible] Dante et Béatrice [illegible] nous rencontrons Pétrarque et Laure, Richard Wagner et Mathilde Wesendonk, Auguste Comte et Clotilde de Vaux [illegible] encore [illegible] de la création artistique [illegible]

[illegible]

[illegible] octobre

PREMIER ESSAI

GILSON ET BERGSON

I. LE REMERCIEMENT

Dans sa leçon d'ouverture du cours d'histoire de la philosophie au Moyen Age au Collège de France, Étienne Gilson s'arrêtait longuement devant la dette que, disait-il, « j'ai contractée ici même au cours de ces admirables leçons de M. Bergson qui furent pour tous ses élèves les joies intellectuelles les plus intenses et les plus hautes. » Formules classiques dans un discours d'usage ? Pas uniquement car Gilson continue : « de son enseignement, si riche à tant d'égards, l'historien retiendra le désir de rejoindre, par-delà les formules où la pensée du philosophe s'exprime, le mouvement simple qui les engendre, les traverse et leur confère une indivisible unité ». Voici donc le remerciement du nouveau professeur prenant forme d'un exposé bref, mais lumineux, de ce que serait une histoire de la philosophie inspirée par le bergsonisme. Cet historien « en retiendra aussi le sentiment que nos concepts historiques sont en besoin constant d'être assouplis et comme refondus pour adhérer plus exactement à la réalité qu'ils expriment »[1].

Quels cours de Bergson a-t-il suivis au Collège de France ? Mes lectures ne m'ont livré que très peu d'indications.

On peut penser qu'il s'agit de souvenirs personnels quand nous lisons dans *D'Aristote à Darwin et retour :* « Les auditeurs de Bergson au Collège de France qui, dans un de ses *petits cours* l'entendirent commenter *Les Premiers Principes* de Spencer, en ont peut-être gardé

1. *Le Moyen-Age et le naturalisme antique*, publié dans *Héloïse et Abélard, Etudes sur le Moyen-Age et l'humanisme*, Paris, Vrin, 1938.

l'impression que c'en était fini de ce genre d'évolutionnisme. » De fait, comme devait le dire plus tard Bergson lui-même, « l'évolutionnisme spencerien était à peu près complètement à refaire » ; Gilson précise : « ne serait-ce qu'en y réintégrant la durée réelle que Spencer en avait exclue »[1].

C'est aussi un souvenir des leçons sur Spencer qui revient à l'esprit de Gilson avec l'image d'un certain sourire de Bergson. Nous sommes au colloque de 1959 : « Il s'agit d'une parole de Plotin, la seule que j'aie entendu prononcer par Bergson au sujet de ce philosophe », mais « elle était de même style que les nombreuses paroles que je lui ai entendu prononcer au sujet de Spencer ». Lorsqu'il rapportait les mots de Plotin sur l'action comme contemplation affaiblie, « son visage s'illuminait de ce sourire que nous connaissons si bien, qui partait des yeux et qui descendait aux commissures des lèvres. » Pourquoi cet « amusement » – le mot vient deux fois – : « mais parce que c'était exactement son contraire. C'était exactement le contraire de ce que lui a toujours dit, de ce qu'il nous a toujours enseigné »[2]. Puis-je traduire ? Bergson, selon Gilson, avait l'air de prendre au sérieux une formule prétentieusement philosophique dont tous ses auditeurs savaient qu'elle était exactement à l'opposé de sa pensée.

Quand Gilson a-t-il pu entendre Bergson au Collège de France ?

Pendant les trois années où il a été étudiant à la Sorbonne : 1904-1905 pour la licence du philosophe ; 1905-1906 pour le diplôme d'études supérieures de philosophie ; 1906-1907 pour l'agrégation.

« En 1904-1905, lit-on dans l'Annuaire du Collège, M. Bergson, professeur, traitera de l'*Evolution du problème de la liberté* et commentera quelques passages des *Premiers Principes* de Herbert Spencer »[3].

Pour 1905-1906, Bergson demande un congé ; il est remplacé par Couturat[4].

1. *D'Aristote à Darwin et retour, Essai sur Quelques constantes de la biophilosophie*, Paris, Vrin, 1971, p. 152.

2. *Bergson et nous*, Actes du Xe Congrès des Sociétés de Philosophie de langue française, Paris, 17-19 mai 1959, *Discussions*, pp. 227-228. *Bulletin de la Société française de Philosophie*, Paris, Armand Colin, 1959.

3. *Mélanges*, avec un court rapport, pp. 648-649.

4. *Ibidem*, pp. 661 et 674.

« Année 1906-1907, M. Bergson traitera des *Théories de la volonté* ». Dans l'autre cours « il étudiera quelques chapitres des *Principes de psychologie* de Herbert Spencer »[1].

Dans son bref rapport Bergson précise : « le cours du vendredi a été consacré à l'analyse de la volonté et plus particulièrement de l'effort », envisagé sous ses trois formes : effort musculaire, effort d'attention, effort volontaire[2].

Ainsi, pendant ses trois années de Sorbonne, Étienne Gilson a pu entendre deux cours de Bergson, un sur la liberté et un autre sur l'effort; il a pu assister et peut-être participer à deux séries d'explications de textes de Spencer.

Il est certain que Gilson a suivi au moins un cours sur Spencer. Il a évoqué devant son futur biographe des souvenirs des leçons sur l'effort[3]. On peut supposer qu'il a suivi le cours sur l'*Evolution du problème de la liberté*.

Étienne Gilson, bien sûr, avait soigneusement pris en notes les leçons de Bergson qui parlait lentement. Son biographe l'a interrogé sur ce qu'elles étaient devenues. « Elles ont été volées ou, du moins, elles ont disparu » pendant la première occupation allemande du nord de la France[4]. Rappelons, en effet, que Gilson avait été nommé, en octobre 1913, maître de conférences à la Faculté des Lettres de l'Université de Lille.

Quand le jeune Gilson va au Collège de France pour écouter Bergson, qui est ce dernier? Il y a, bien sûr, la réputation du professeur mais le nom de Bergson est aussi sur deux livres : *Essai sur les données immédiates de la conscience,* 1889, et *Matière et mémoire,* 1896. Un jour Gilson a déclaré qu'il avait fait la « découverte » du premier « en 1905 » : il faut sans doute entendre au cours de l'année 1904-1905. « Rien ne me rendra jamais l'émerveillement de cette

1. *Ibidem*, p. 684.

2. *Ibidem*, p. 684. Il existe aussi un long compte rendu de ce cours signé : Paul Fontana, publié dans deux numéros de la *Revue de philosophie*, 1er Juillet et 1er octobre 1907 (37 pages dans le recueil *Mélanges*).

L'auteur n'a pas personnellement entendu toutes les leçons, certaines ont été rédigées avec des notes d'auditeurs. D'autre part, certains passages font penser plutôt à un article sur Bergson qu'à un compte rendu. Cela dit, il reste que c'est un document important.

3. Laurence K. SHOOK, *Etienne Gilson*, Pontifical Institute of Mediaeval Studies, Toronto, p. 19 – Portrait du cours de Bergson sur l'effort, l'auteur signale une leçon sur Henry James il faut lire : William James.

4. *Ibidem*.

première lecture. Je lisais, je recommençais, je ne pouvais me résoudre à laisser derrière moi le premier chapitre, tant il était évident qu'avec lui la partie était jouée»[1].

Mais l'année 1907 réservait aux «jeunes amis de la métaphysique» une autre surprise : lorsqu'au début de 1907 «ils purent enfin lire, dans une sorte de transe intellectuelle le tableau de la nature que leur offrait *L'Evolution créatrice,* ces jeunes gens eux-mêmes n'en croyaient pas leurs yeux»[2]. Quand nous voyons Gilson et ces jeunes gens dans une salle du Collège de France où ils écoutent Bergson qui analyse les diverses formes d'effort ou qui commente des pages de Spencer, mettons-nous à leur place : il est permis d'imaginer cette sorte de transe intellectuelle, en apprenant que *L'Evolution créatrice* est parmi les «vient de paraître» à la devanture des libraires !

Gilson ne manque jamais de dire ce qu'il doit à Bergson. Toutefois, à première vue, il ne semble pas chercher les occasions de s'arrêter devant des thèmes de la philosophie bergsonienne. Plus exactement, la dette primordiale est un *constat*, on doit d'abord constater la portée historique du bergsonisme qui est relativement indépendante de son contenu car elle subsiste, quelles que soient les réserves que doivent provoquer telle ou telle thèse bergsonienne.

Allons au colloque de 1959 qui commémore le centenaire de la naissance de Bergson. Le Père de Tonquédec a rappelé que la théologie bergsonienne n'est pas la théologie catholique; la discussion, comme il arrive souvent, vogue de question en question. Alors, Étienne Gilson se lève[3].

«Je vais vous demander la permission de revenir pour un instant à Henri Bergson». Suit une déclaration que nous ne devons jamais oublier : «Je n'en parlerai pas en historien parce qu'il n'a jamais été pour moi objet d'histoire. Nous avons vécu intellectuellement par lui et avec lui, et entre le moment où il nous a engendrés à la vie philosophique et métaphysique et maintenant, il n'y a aucune interruption de continuité». Nous savons qu'entre ces deux époques il y a pourtant dans la vie de Gilson la découverte du thomisme. Mais, c'est bien le cas de dire : ceci est d'un autre ordre. «C'est pourquoi, lorsque je me reporte à 1905-1906, et que j'entends la manière dont il est aujourd'hui

1. *Le philosophe et la Théologie*, Paris, Fayard, 1960, le mot «chapitre» est sous entendu dans le texte, p. 133.

2. *Ibidem*, pp. 134-135.

3. *Bergson et nous*, *op. cit.*, pp. 277-278.

critiqué par des théologiens de toutes confessions, je me sens très surpris »[1].

Vint alors le grand morceau si justement introduit par « En effet... ».

> En effet, qui nous a rendu la métaphysique à un moment où on disait qu'elle était morte? C'est Bergson. Qui est-ce qui nous a appris à poser de nouveau, en termes précis et intelligibles, des problèmes tels que ceux de la liberté, de la nature de l'âme, de son immortalité, de l'origine et la nature de l'univers? C'est Bergson. En ce temps-là on ne l'accusait pas de manquer d'intuition théologique, au contraire, on l'accusait de travailler pour les prêtres...[2].

Gilson écarte toute possibilité d'équivoque : « travailler pour les prêtres » ? « A vrai dire, rien n'était plus loin de ses intentions. Bergson n'était pas plus un théologien que ne l'avait été Aristote; il n'y avait pas de révélation pour lui; c'était un pur philosophe. Nous l'avons écouté comme un philosophe, et il nous a formés philosophiquement ». Et comme si Gilson entendait : « et votre thomisme ? », il affirme : « ce que nous sommes devenus plus tard, quelquefois dans des voies très différentes des siennes, nous le sommes devenus grâce à lui ».

Dans tout ce morceau, le *nous* n'est pas de majesté mais un pluriel. Gilson parle pour lui et quelques autres. « Et permettez-moi de faire observer – c'est un acte de reconnaissance que j'accomplis en ce moment – que si beaucoup d'entre nous ont conservé leur religion, ou l'ont retrouvée, ce n'est pas à des manuels de philosophie néo-scolastique selon la pensée de saint Thomas d'Aquin qu'ils le doivent... C'est de cela que je voulais tout simplement le remercier ».

II. LE PHILOSOPHE ET LA THÉOLOGIE

Le philosophe qui remercie Bergson au colloque qui commémore le centenaire de sa naissance, c'est le Gilson de 1959, et il remercie le Bergson de 1907. Sans doute, entre 1907 et la mort de Bergson, au début de janvier 1941, son œuvre s'est prolongée, et il est évident que Gilson n'ignore pas l'existence des *Deux Sources de la Morale et de la*

1. *Ibidem*. Dans la mémoire de Gilson, le chiffre retenu est celui de la fin de l'année scolaire : 1905 (1904) au lieu de (1904) 1905.

2. *Ibidem*.

Religion. Toutefois ce qui fait qu'il y a dans l'histoire de la philosophie un *avant* Bergson et un *après* Bergson appartient à l'essentiel de la métaphysique retrouvée. On peut ne pas accepter la critique de l'idée de néant proposée dans *L'Evolution créatrice,* on peut ne pas suivre l'auteur des *Deux Sources* ; rien n'est changé dans le remerciement de 1959 qui nous montre simplement qu'à cette date le Gilson de 1907 survit avec le Bergson non bergsonien du dernier livre.

De cette situation, tout se trouve dit entre les lignes à la fin du remerciement de 1959. L'année suivante, elle occupera trois chapitres dans l'autobiographie intellectuelle et spirituelle que sera, en 1960, *Le philosophe et la théologie,* chapitre VI : *Le cas Bergson* ; chapitre VII : *Les absences de la Sagesse* ; chapitre VIII : *La revanche de Bergson.*

L'exposé est complexe car il y a au moins quatre personnages en scène :

1. Le Gilson de 1907 devant le Bergson de la même époque.

2. Le Gilson qui se voit après *Les Deux Sources.*

3. Le Gilson thomiste ou plus exactement : le thomisme vu par Gilson.

4. Le néo-thomisme qui, aux yeux de Gilson, semble ne comprendre ni Bergson, ni saint Thomas.

Essayons d'extraire ce qui concerne directement la relation entre Gilson et Bergson.

Étienne Gilson commence par couper en deux l'histoire de la pensée de Bergson. « Si l'on veut représenter sans trop d'inexactitude ce que cette philosophie signifie pour nous, il faut tenir compte d'une *date*. Bergson fut et *reste avant tout* dans ma mémoire celui dont une sorte de première carrière philosophique prit fin avec *L'Evolution créatrice* ». On dirait que Gilson pense maintenant le bergsonisme avec le schème dynamique de l'élan vital : « Tout ce qu'il a publié de *L'Essai* à *L'Evolution* est venu comme d'un même jaillissement, d'une seule et même veine ». Les écrits, « lus, relus et médités » ne nous apportent-ils pas aussi une vision « du monde et de l'homme par qui le monde accède à la conscience de soi » ? Bref, le thème de Bergson éducateur tient lieu d'explication : « nous avions le sentiment d'être formés par lui, et comme éduqués... ». Ici, se produit alors une étrange bifurcation.

« Pour ce qui me concerne », écrit Gilson, je crois pouvoir dire que la « révélation bergsonienne a pris fin en 1907, date de

L'Evolution créatrice».[1] On s'attendrait plutôt à trouver le jeune Gilson impatient de connaître la suite, curieux de savoir ce que le maître va inventer. Or il faut citer mot-à-mot son témoignage.

«A ce moment», c'est-à-dire dès 1907, «il m'avait rendu tous les services qu'il pouvait me rendre et dit tout ce qu'il avait d'utile à me dire». Revenant à l'œuvre écrite, Gilson insiste : «Je continuais de méditer ces grands livres, certes, mais avec le sentiment que Bergson avait complètement formulé son message, ce qui lui restait à dire, si précieux que ce fût, ne pouvant que l'étendre sans l'accroître»[2].

Ces deux mots de la fin eussent mérité les définitions éclairant la différence de leur sens. Mais il faut comprendre ce qui s'est passé dans l'esprit du jeune Gilson : il était philosophiquement sur un mauvais chemin, Bergson le met sur le bon; ce qui est fait est définitivement fait; on peut avancer sur le bon chemin mais il n'y a plus à en trouver un autre.

D'autre part, en cette affaire, il ne s'agit pas d'impressions subjectives : c'est objectivement que le bergsonisme de 1907 est au bout de sa course, et cette opinion trouve une certaine vraisemblance dans le sens des recherches annonçant le bergsonisme de demain.

«Pendant le long intervalle de vingt-cinq ans qui sépare *L'Evolution créatrice* des *Deux Sources de la morale et de la religion,* nous savions qu'il appliquait son génie à l'étude de ces problèmes...», c'est-à-dire ceux de la morale et de la religion : «mais, continue Gilson, nous attendions sans impatience le fruit de ses méditations». Alors tombent les paroles qui introduisent une coupure entre ce que Gilson appelait les deux portes de la carrière philosophique de Bergson : «A vrai dire, nous n'en attendions rien».[3]

Très vite après 1907, on savait que l'auteur de *L'Evolution créatrice* orientait ses recherches du côté des questions de morale et d'esthétique[4]; il ne parlait pas des mystiques seulement dans des conversations avec des amis comme Benrubi[5] ou comme Joseph Lotte[6];

1. *Le philosophe et la théologie*, pp. 122-123.

2. *Ibidem*, p. 123.

3. *Ibidem*.

4. Henri GOUHIER, *Bergson et le Christ des Evangiles*, Paris, A. Fayard, 1961, puis Vrin, 1987, ch. III, IV – *Bergson dans l'histoire de la pensée occidentale*, Paris, Vrin, 1989, textes cités dans les chapitres VIII, IX et XI.

5. Isaac BENRUBI, *Souvenirs sur H. Bergson*, Delachaux et Niestlé, Neuchâtel, 1942, p. 32 : entretien du 24 octobre 1909; p. 48 : entretien du 31 mai 1910.

il disait l'intérêt philosophique qu'il portait à leur œuvre dans une communication à l'Académie des sciences morales et politiques sur le livre de Delacroix *Etudes d'Histoire et de Psychologie du mysticisme*[1]. Si la page que nous lisons est, par sa précision et sa densité, du grand écrivain qu'est en 1960 l'auteur de *Le philosophe et la théologie,* ce qu'il dit est très probablement l'exacte expression de ce qu'il pensait. Si ce qui doit venir après *L'Evolution créatrice*, est un livre sur la morale et la religion, voici que Gilson se sent hors du jeu. Pourquoi ?

Henri Bergson est un philosophe; son œuvre jusqu'en 1907 est philosophique ; le bergsonisme est une philosophie ; si Bergson aborde les problèmes de la religion, il ne peut pas ne pas les aborder en philosophe ; il ne peut pas ne pas chercher leur solution dans sa philosophie ; or la religion et ses problèmes sont en dehors de la philosophie. On comprend que Gilson n'attende rien d'une recherche qui n'a aucune chance de rencontrer son objet. Gilson n'est plus sur la même longueur d'onde que Bergson, dirait-on aujourd'hui. « Sa philosophie de la nature, écrit-il, avait été pour nous une libération, personnellement, j'avais contracté par là à son égard une dette que rien ne me fera jamais renier ». Le génie de Bergson n'est pas en question, et Gilson n'a pas un mot à changer au remerciement adressé quelques mois plus tôt à l'auteur de *L'Evolution créatrice*. « Mais la situation était toute différente en ce qui concernait la religion. J'en avais une, je savais ce qu'elle était, et mon effort même pour en approfondir la nature me détournait de tenter d'autres voies pour en pénétrer plus profondément le secret. » Tout est dit alors en deux lignes : « Pendant que je vivais ainsi ma religion, Bergson cherchait encore la sienne »[2].

Sans doute Gilson et de jeunes amis catholiques pouvaient et peut-être même devaient, en tant que catholiques, apprécier ce que leur apportait une *philosophie* montrant que des problèmes *philosophiques* comme ceux de la liberté, de l'âme, voire de son immortalité, étaient encore possibles. Mais s'il s'agit de problèmes proprement *religieux* – n'oublions pas que l'époque du modernisme[3] n'est pas tellement

6. Joseph LOTTE, *Entretien avec Henri Bergson*, 21 avril 1911, *Mélanges*, pp. 880-882.

1. 30 janvier 1909, *Mélanges*, pp. 788-790.

2. *Le philosophe et la théologie*, p. 123. Rappelons que le permis d'imprimer de l'ouvrage est du 14 mars 1960 ; le remerciement est prononcé dans la séance du 19 mai 1959.

3. *Ibidem*. Gilson fait dans cet ouvrage plusieurs fois allusion au modernisme, pp. 59-61, 135 sq, 193, 239, 248-249

lointaine – « comment pouvais-je espérer de lui des lumières sur un ordre de faits dont, faute d'expérience personnelle, il ne pouvait guère pénétrer le sens ? »[1].

Ici, il faut bien s'entendre : « expérience personnelle » n'est pas au pluriel. Ne pensons donc pas à ce que William James appelle « les variétés de l'expérience religieuse » ; ne pensons pas à des visions, à des instants privilégiés de contemplation, à des intuitions qui transcendent la conscience de soi... L'« expérience personnelle » au singulier, le contexte va le montrer, c'est l'expérience d'une vie comme celle d'Étienne Gilson à l'intérieur de la religion catholique : il a reçu le sacrement du baptême, il a pris des engagements par la bouche de son parrain, il a été élève dans une école primaire des Frères des Ecoles chrétiennes, puis au Petit séminaire de Notre-Dame-des-Champs. Nous sommes alors dans un monde où qui dit « religion » dit « révélation » et « révélation » de vérités qui intéressent le salut, constituant une « doctrine sacrée » dite aussi « théologie ». Mais laissons Étienne Gilson dire ce à quoi va se heurter le chrétien qui veut être philosophe.

« ... Telle qu'elle est constituée, la théologie n'est pas l'œuvre d'un homme mais de l'Eglise, et il n'est pas de particulier qui puisse sans une extrême témérité, entreprendre de la réformer. La théologie est faite de la parole divine, des articles de foi, des dogmes qui les explicitent, des décisions conciliaires et des interprétations qu'en ont données les grands théologiens quand elles sont approuvées par l'Eglise »[2]. Ajoutons cette précision : il y a « une compétence du Saint-Siège en matière de philosophie liée à sa mission apostolique » puisque Jésus a demandé à ses apôtres, donc à l'Eglise, « d'aller enseigner toutes les nations »[3].

Sentir son appartenance à un tel monde, telle est donc « l'expérience personnelle » que Bergson n'avait pas, ne pouvait pas avoir même.

De là la réaction de Gilson quand paraissent *Les Deux Sources de la morale et de la religion* en mars 1932.

Gilson reçoit donc le livre. « Il se produisit alors pour moi quelque chose d'inattendu et que je ne peux m'expliquer clairement. Je pourrais encore moins le justifier, car j'ai conscience qu'il y avait dans ma

1. *Ibidem*, p. 123.
2. *Ibidem*, p. 136.
3. *Ibidem*, p. 202. (Lire *Matthieu*, 28, 16-20) ; cf. p. 203.

réaction des éléments irrationnels, pour ne pas dire déraisonnables». En effet... «Après avoir adressé à l'auteur des compliments de courtoisie, je fis soigneusement relier le livre, je le rangeai à la suite des autres sur un rayon de ma bibliothèque où il resta, pendant un nombre d'années que j'aurais honte à dire, sans avoir été lu». Gilson n'avait pas besoin de le lire pour savoir qu'il ne dépasserait pas le niveau de la philosophie... «Que lui, Bergson, pût s'engager sous mes yeux dans une aventure dont je savais qu'elle devait nécessairement échouer, l'idée m'en était intolérable»[1].

«Une sorte d'angoisse me retenait à l'entrée de ce dernier chef d'œuvre. Et pourtant... Ce ne fut que beaucoup plus tard, après m'être moi-même assuré du sens des mots *foi* et *théologie*, que j'osai m'engager dans cette lecture». Ces pages sont écrites en 1960, vingt-huit ans après la publication des *Deux Sources* : «beaucoup plus tard» c'est donc bien vague ; ce qui ne l'est pas, c'est le souvenir de la lecture. «Dès les premières pages, le charme opéra de nouveau...» On pourrait dire à Gilson qu'après tout, les premières pages sur les *Sources de la morale* relèvent de la philosophie *stricto sensu*, mais Gilson a hâte de passer aux pages sur les *Sources de la religion*. «Il me fallut poser par instant le livre, en suspendre parfois la lecture comme on voudrait ralentir le flot de certaines musiques pour qu'elles ne passent point, bien qu'il leur faille passer pour être»[2]. Avant la lecture, il prévoyait «la catastrophe», mais, disait-il, «je ne voulais pas y assister»[3]. Pendant et après, il constate : «mes pires craintes se trouvaient justifiées et au-delà».

La condamnation qui suit est sans *appel* : «Ce n'était pas telle ou telle phrase ni même tel ou tel développement, c'était le livre entier qui se trouvait, comme on dit, *hors du sujet*. L'auteur lui-même s'était d'abord établi au-dehors, et il y était resté»[4].

Et comment n'y serait-il pas resté?

«Il ne semble pas que l'éducation religieuse de Bergson ait été poussée très loin»[5]; même si pareille formule simplifie une situation plus complexe, on peut donc admettre que Bergson était en dehors des

1. *Ibidem*, p. 123.
2. *Ibidem*, pp. 124-125.
3. *Ibidem*, p. 124.
4. *Ibidem*, p. 125.
5. *Ibidem*, p. 127. «A en juger de l'extérieur», dit Gilson qui entend marquer le caractère limité de son propos.

religions juive et chrétienne, ce que Gilson soulignait en employant les mots *païen* et *paganisme* à son sujet[1]. « Etranger à la foi chrétienne, ignorant l'ordre surnaturel comme hors des frontières de la philosophie, Bergson entreprenait néanmoins de philosopher sur une religion où tout est surnaturel et grâce »[2]. On ne voit pas ce qui, dans la philosophie, pousserait le philosophe à en sortir. Il n'y a pas de mouvement concevable qui irait de la raison ou d'une intuition à la foi. Toutefois, un mouvement en sens inverse ne serait-il pas possible, la foi éclairant la raison, la philosophie devenant la servante de la Théologie ? Oui mais ceci serait une autre histoire, celle du chrétien qui veut aussi être philosophe.

III. PRÉSENCE DE BERGSON

Étienne Gilson s'arrête longuement devant cette autre histoire, en constatant qu'elle est restée à l'état de possible : « le nouvel Aristote n'a pas trouvé son saint Thomas d'Aquin ».[3]

Voici une philosophie nouvelle dont la nouveauté est justifiée par son accord avec les progrès des sciences. Quel va être son rapport avec la théologie ? Descartes avait répondu : rendre à la théologie les mêmes services que la philosophie ancienne, et c'est ainsi qu'« il entreprit de montrer qu'on pouvait fort bien parler du miracle de la transsubstantation en termes de sa propre notion de la matière, de la substance et des accidents »[4]. La relation entre la philosophie et la théologie ira de la première à la seconde : au commencement il y a la philosophie nouvelle et la philosophie procède à l'adaptation alors requise. N'est-ce pas, d'ailleurs, ce qu'a fait saint Thomas avec l'aristotélisme ?

Non, déclare Gilson. Le philosophe Descartes cartésianise la théologie ou, si l'on préfère, il invente une théologie cartésienne ; à la nouvelle philosophie doit correspondre une nouvelle théologie. Le théologien Thomas d'Aquin fait exactement le contraire ; ici, c'est la philosophie qui doit être ajustée à la théologie. Cette dernière est au commencement puisqu'elle est la doctrine sacrée qui défend la foi de

1. *Ibidem*, pp. 131, 135, 139. *Plaidoyer pour une servante*, pp. 82 et 83.
2. *Ibidem*, p. 181.
3. *Ibidem*, p. 161 ; cf. *infra*, Deuxième Essai.
4. *Ibidem*, p. 136.

l'Eglise ; on ne conçoit évidemment pas que tout inventeur d'un système de philosophie se trouve, *ipso facto,* invité à réformer la théologie ; il appartient au théologien de voir si les nouveautés de la philosophie sont théologiquement assimilables.[1]

L'exemple de Thomas d'Aquin, ici encore, éclaire la question. On a parlé d'aristotélisme baptisé. Or les théologiens des écoles thomistes ont, en général, parlé comme si le baptême n'avait pas profondément changé l'aristotélisme qui a cessé d'être celui d'Aristote : la raison du théologien Thomas d'Aquin, guidée par la foi, a créé une philosophie originale que précisément Étienne Gilson entend retrouver dans ses ouvrages d'histoire de la philosophie médiévale. Que l'on pense à ce que deviennent, par exemple, le Premier Moteur immobile et l'éternité du monde pour inclure le Dieu d'Aristote dans le grand courant de la pensée chrétienne, il a d'abord fallu qu'il cessât d'être le dieu d'Aristote pour devenir le Dieu de l'Ecriture.[2]

Revenons donc à notre question : quand la philosophie nouvelle est celle de Bergson, quelle est sa relation à la théologie ?

Il n'est pas question de « bergsonnifier saint Thomas »[3] ; il n'est pas question d'inviter un philosophe bergsonien à inventer une théologie bergsonienne. Mais on ne voit pas pourquoi un théologien chrétien ne pourrait pas faire avec Bergson ce que Thomas d'Aquin a fait pour Aristote.

« On imagine assez bien ce qu'eût été l'attitude de saint Thomas en une conjoncture semblable. Ou plutôt, on n'a pas besoin de l'imaginer, on le sait ». Gilson donne la parole au « saint Thomas du XXe siècle » : comme celui du XIIIe, il se serait dit : « Encore une philosophie ! Que vaut-elle ? Eliminons ce qu'elle a de faux, voyons ce qu'elle a de vrai et conduisons cette vérité jusqu'à sa propre perfection »[4].

« La parole était à quelque saint Thomas d'Aquin. Nous l'attendons encore »[5].

La question qui vient immédiatement à l'esprit est si évidente qu'on ose à peine la formuler : « Qu'attendez-vous M. Gilson, pour vous livrer à ce travail que vous définissez avec une telle précision ? ».

1. *Ibidem*, je résume pp. 136,138.
2. *Ibidem*, pp. 163-164.
3. *Ibidem*, p. 188.
4. *Ibidem*, p. 138.
5. *Ibidem*, p. 135 ; cf. *supra*, note 33.

Chose curieuse, au lendemain de la première guerre mondiale, les circonstances mettent l'un devant l'autre Bergson et Gilson dans un dialogue qui est comme une esquisse inachevée de celui que nous imaginons quand le premier est devenu l'auteur des *Deux Sources*.

Nous sommes à Strasbourg, les grands ténors de chaque discipline viennent donner une conférence à l'université; Bergson donne la sienne le 9 mai 1919.[1]

Étienne Gilson vient d'être nommé professeur à la Faculté des Lettres; tout naturellement il rend donc visite à Bergson. Plus précisément : « devinant mon désir, écrit-il, il avait lui-même provoqué » ledit entretien. Ce qui permet une supposition : Bergson va recevoir un ancien auditeur de ses cours au Collège de France, fervent lecteur de ses livres, déjà connu par sa thèse comme médiéviste et historien de la pensée religieuse. Ce qui explique le sens immédiatement donné à l'entretien par Bergson.

Après quelques mots sur l'histoire des philosophies médiévales, Bergson me demanda le plus directement du monde : « Pourquoi ne tournez-vous pas vos recherches vers la philosophie de la religion? Vous êtes l'homme pour aborder ces problèmes et, je crois, avec bon espoir de succès »[2].

Ce qui suit montre combien la connaissance du contemporain peut être différente de celle qui sera, un jour, historique. « Quelle proposition ! pense alors Gilson, la philosophie et la religion ensemble... tout cela venant de Bergson, dont rien jusque-là ne suggérait qu'il s'intéressât à ces questions ! » Oui, pour le Bergson de 1907, le seul que Gilson va connaître pendant si longtemps. Mais, pendant la même période, l'historien trouve de multiples faits montrant que Bergson, au contraire, s'intéresse à ces questions. Rappelons, une fois encore, le rapport de janvier 1909 sur le livre d'Henri Delacroix : *Etudes d'histoire et de psychologie du mysticisme*; rappelons les réponses au Père de Tonquédec imprimées en 1912. Bien mieux : ce n'est que beaucoup plus tard que Gilson comprendra pourquoi Bergson avait parlé des « sciences psychiques » dans sa conférence de Strasbourg[3].

1. *Ibidem*, p. 182; Gilson écrit : « c'était, je crois, en 1920... » Sur cette conférence et sa date exacte, *Mélanges*, pp. 1316-1319.

2. *Ibidem*, pp. 182-183.

3. *Ibidem*, p. 184; cf. *Compte rendu de L'âme humaine*, conférence de Strasbourg, dans *Mélanges*, pp. 1317-1318.

L'invitation faite à Gilson de se « retourner vers la philosophie de la religion » est simplement un fait de plus montrant Bergson préoccupé par les questions qui le conduiront en tâtonnant jusqu'aux *Deux Sources*[1].

Quelle fut alors la réponse de Gilson ? « Dans les secondes de silence qui suivirent... je ne pouvais hésiter sur la réponse à faire ; c'était évidemment : non. » Mais il y a bien des façons de dire : non. Cette réponse fut donc : « Pourquoi n'entreprenez-vous pas vous-même cette recherche ? Elle ne demande pas moins qu'un philosophe tel que vous ». Bergson ne pouvait qu'accepter cette façon élégante de ne pas répondre, et inventer le mot de la fin : il répondit en souriant, traînant un peu les premiers mots : « Descartes n'aimait pas beaucoup publier ce qu'il pensait en matière de morale et de religion. Il protégeait sa tranquillité d'esprit... » Gilson ajoute simplement : « Nous rimes ensemble ; nous nous étions compris et l'offre de cette mission périlleuse ne fut pas renouvelée »[2].

Qu'y a-t-il sous ce jeu ? Peut-être l'esquisse de ce que sera plus tard la relation profonde entre la théologie et la philosophie, la foi et la raison. Pendant les quelques secondes de silence consacrées à la recherche de la réponse qu'il avait trouvée, Gilson considère qu'on ne saurait confier pareille mission à « un apprenti qui n'en était qu'à s'instruire de sa propre théologie... ». Autrement dit : c'est à un théologien qu'il appartient d'entreprendre la recherche conseillée par Bergson[3].

Il est possible qu'à Strasbourg, en 1919, le « Pourquoi pas vous ? » adressé à Bergson ait été pour Gilson une élégante façon de se tirer d'embarras. Ce qui est sûr, c'est qu'un jour vient où Étienne Gilson voit clairement et distinctement dans quel sens il faut lire la relation de la raison à la foi, de la philosophie à la théologie : en allant de la

A la même époque, 1919, paraît *L'Energie spirituelle*, dans laquelle il publie le texte français de la conférence donnée à Londres en 1913 « *Fantômes de vivants* » et « *Recherche psychique* ».

1. *Ibidem*, p. 183. Ce que Gilson reconnaît quand il écrit : « Ainsi, treize ans au moins avant la publication des *Deux Sources*, Bergson était déjà aux prises avec cet immense problème... ». Ce récit de Gilson se déroule sur deux plans : d'abord, ce qui se passe en 1919, époque ou la proposition de Bergson est inattendue, ensuite ce que devient le sens du dialogue de 1919 dans une vision rétrospective éclairée par *Les Deux Sources*.

2. *Ibidem*, p. 183.

3. *Ibidem*, p. 183.

seconde à la première, la foi guidant la raison, la théologie inspirant la philosophie. Lorsque Étienne Gilson met au point sa critique de la philosophie chrétienne, ce qui nous manque selon lui, ce n'est pas un grand philosophe – puisque nous avons Bergson – mais un grand théologien : un grand philosophe, fût-il Bergson, ne peut tenir le rôle.

Les références à Bergson sont très nombreuses dans les œuvres de Gilson comme dans ses lettres ou sa conversation[1] ; mais, une fois mise à part la longue méditation du philosophe devant la théologie, il est rare de trouver ce qu'on pourrait appeler une explication de texte ou l'analyse d'un thème particulier. Retenons pourtant deux études très différentes, également importantes. L'une est une vue d'ensemble sur le bergsonisme destinée à une histoire générale de la philosophie. La seconde est une étude critique sur le bergsonisme et la finalité.

Les pages de *Recent philosophy* sur Henri Bergson se trouvent dans la Deuxième partie, *Philosophie Française et Italienne,* chapitre postérité française de Maine de Biran venant après Félix Ravaisson, Jules Lachelier, Emile Boutroux[2]. Il y a là un remarquable exposé de la philosophie de Bergson. La densité et la précision de style permettent à Gilson d'aborder tous les thèmes vraiment essentiels du bergsonisme, et même de donner une idée des polémiques qu'ils ont provoquées. Gilson suit l'ordre à la fois chronologique et philosophique :

Méthode
Ame (*soul*) et liberté
Le Monde (*the World*) et Evolution créatrice
Morale et Religion

Si sa philosophie de la religion peut être considérée comme le dernier mot du bergsonisme, il est, *ipso facto,* le dernier mot du réalisme spiritualiste inauguré par Maine de Biran. Or *Les Deux Sources* sont un « chef d'œuvre » (*master piece*).

1. Citons notamment : *Ce que nous devons à Henri Bergson*, in *Les nouvelles littéraires*, 2 septembre 1939 ; *Hommage public à Henri Bergson*, Panthéon, jeudi 11 mai 1967, allocution de M. Etienne Gilson, délégué de l'Académie française, Imprimerie de l'Institut de France. Publié dans *Les nouvelles littéraires* du 11 mai 1967, sous le titre *Le privilège de l'intelligence* ; *Plaidoyer pour la servante*, publié dans *L'Athéisme difficile*, Paris, Vrin, 1979, pp. 82-83 (communication présentée en 1967 et imprimée en 1968) (p. 9).

2. *Recent philosophy, Hegel to the present*, New York Random House. Ce volume est le quatrième et dernier tome d'une *History of philosophy* dont Etienne Gilson est le *General editor*. Dans ce livre il est l'auteur de l'introduction et de la partie sur la philosophie française et la philosophie italienne.

Voici donc Bergson pleinement conscient des problèmes laissés irrésolus par cette notion métaphysique de « l'élan vital » où l'on a pu voir « un substitut pour la notion religieuse de Dieu ». Est-ce que Gilson ne cherche pas à diminuer l'importance philosophique que Bergson attache à cette étude ? Entre *L'Evolution créatrice* et *Les Deux Sources de la Morale et de la Religion*, il y a « vingt cinq ans » pendant lesquels il n'a jamais cessé d'y penser. Bien entendu, Bergson va aborder ces nouveaux problèmes avec la méthode qui a fait ses preuves dans ses précédents ouvrages. Or cette méthode consiste d'abord à découvrir les expériences sur lesquelles les vérités proposées trouveront un solide fondement. Or, ici, Étienne Gilson souligne quelque chose de nouveau et d'imprévu : en ayant découvert l'expérience des mystiques, Bergson « était pour la première fois dans sa vie condamné à écrire sur des faits qu'il connaît seulement *from hearsay :* par ouï-dire ». De là une question : « Bergson n'était-il pas alors en train d'appliquer une méthode pour le tout-fait à la solution d'un problème excédant ses possibilités ? »[1].

Tel est bien le sens de la conclusion qu'Étienne Gilson croit pouvoir donner à ses pages sur Bergson dans son Histoire de la philosophie de Hegel à nos jours : « La fécondité et les limites de la méthode bergsonienne apparaissent bien ici ». Il faut considérer comme décisif et définitivement acquis le fait que Bergson a rendu sa justification à la spéculation métaphysique; de même pour sa critique d'une sorte de scientisme qui prétendait se faire prendre abusivement pour une philosophie. Mais, d'autre part, son évident désir de poursuivre ses démonstrations jusqu'au point où la métaphysique coïnciderait avec ce qui est enseigné dans le christianisme devait être frustré; car un empirisme métaphysique, nécessairement, ne saurait atteindre ce qui dans le christianisme appartient à l'ordre surnaturel.

Or, notons-le, la notion de surnaturel appelle immédiatement dans la pensée de Gilson celle d'Eglise avec ses deux aspects : d'une part, elle apparaît comme une société dogmatique, statique et close; dans le même temps, elle est une société éminemment ouverte et dynamique, mais dans l'ordre de la sainteté qui ne pourrait trouver place dans le bergsonisme. Le problème ici posé ne peut être résolu que par la foi, et la foi est au-delà des frontières de la philosophie. « La métaphysique

1. *Ibidem*, p. 314 : « ... perhaps was applying a than ready-made method to the solving of a problem exceding its possibilities ».

peut aller jusqu'à Plotin; et elle s'arrête devant saint Paul, *metaphysics can go as far as Plotinus, it stops short of Saint Paul*»[1].

C'est pourquoi, en dépit de son profond désir de devenir un chrétien, Bergson n'a jamais pu rejoindre l'Eglise. A l'époque du Modernisme, il y eut des philosophes chrétiens qui croyaient pouvoir entreprendre une réforme bergsonienne de la théologie classique, c'est-à-dire thomiste. Tel ne fut pas le cas de Bergson; jamais il n'eut l'idée de réformer la théologie de saint Thomas dont il ne connaissait à peu près rien. Cela dit, en souvenir de sa propre expérience, Gilson tient à rappeler une certaine influence de Bergson «aidant quelques chrétiens philosophes à ré-évaluer (*re-evaluate*) et revivifier les éléments dynamiques inclus par Thomas d'Aquin dans sa propre doctrine»[2].

IV. GILSON CRITIQUE DU BERGSONISME

La ferveur bergsonnienne d'Étienne Gilson n'a jamais exclu la réflexion critique. Il était banal d'accuser Bergson de «disqualifier l'intelligence» et, en particulier, de voir là une opposition irréductible au thomisme. Qu'en pensait Gilson? La question intéressait directement l'auteur de *Le philosophe et la théologie*.

Ce dernier pensait qu'il convenait d'abord de procéder à une mise au point. «La philosophie de Bergson était si profondément imprégnée de respect pour la connaissance scientifique qu'on ne peut, sans invraisemblance, lui attribuer quelque mépris de l'intelligence».

Seulement, devant l'idée que le scientisme de l'époque se fait de l'intelligence, «Bergson avait entrepris la tâche nécessaire de le ramener entre ses propres limites»: en vérité, «la philosophie de Bergson est une critique d'un certain mauvais usage de la raison»[3]. Néanmoins, il faut le reconnaître, «un des points les moins satisfaisants de la doctrine était sa critique de l'intelligence sous la forme même que Bergson lui avait donnée». Sans aller plus loin, Gilson laisse pourtant entendre qu'il ne serait pas d'accord sur un point : «Il est au moins douteux que l'opposition *fondamentale* introduite par le philosophe entre l'intellection et l'intuition soit philosophiquement

1. *Ibidem*, p. 316.
2. *Ibidem*, p. 317.
3. *Le philosophe et la théologie*, p. 129.

fondée. » Soulignons *fondamentale* : on est tenté, en effet, de demander : si la distinction entre intellection et intuition n'est pas une opposition, que reste-t-il du bergsonisme ?[1]

Si l'être est durée, la connaissance de ce qui dure ne relève évidemment pas des mêmes facultés que la connaissance de ce qui ne dure pas. Il faut donc s'entendre quand, parlant de Bergson, Gilson écrit : « Le seul problème qu'il se fût posé était de savoir si l'intelligence est également habilitée à connaître tous les types de réalité donnés dans l'expérience »[2].

En fait, c'est Gilson et non Bergson qui pose cette question. Bergson, en effet, n'a pas à la poser. L'expérience le met en présence d'une distinction entre l'intellection et l'intuition qui est une opposition entre l'interprétation conceptuelle du réel qui dure et l'appréhension immédiate du réel dans sa durée. Gilson est en dehors du bergsonisme quand la distinction entre intellection et intuition cesse d'être une opposition et devient une intellection à deux niveaux ou à deux points de vue.

Tout ceci est dit, et fort agréablement dit, dans *Le philosophe et la théologie*. Mais une dizaine d'années plus tard, nous retrouvons Gilson critique du bergsonisme dans un exposé strictement philosophique, écrit sans préoccupation d'ordre auto-biographique ; c'est le chapitre *Bergsonisme et finalité* dans *D'Aristote à Darwin et retour*, publié en 1971[3]. Ce chapitre se présente comme une suite d'analyses qui opèrent des distinctions là où l'usage a créé des confusions.

D'un côté, sous les noms de Lamarck et de Darwin, des observations, des inductions, des hypothèses, bref des recherches d'ordre scientifique. D'un autre côté, sous le mot « évolution » employé par Spencer, une œuvre qui, bien sûr, se présente comme scientifique mais où nous voyons plutôt une forme de « scientisme », vaste tableau de l'histoire des espèces animales depuis les origines, histoire qui, de plus dessine un progrès.

Bergson, selon Gilson, n'a pas perçu cette distinction. Il prend le mot évolution là où il le trouve, dans les œuvres de Spencer, avec ses deux composantes : en dépit des lacunes, une totalité du monde animal pris depuis ses origines, et en dépit de ce que nous appellerions peut-

1. *Ibidem*, p. 154.
2. *Ibidem*, p. 155.
3. *D'Aristote à Darwin et retour*, *Essai sur quelques constantes de la biophilosophie*, Paris, Vrin, 1971, ch. IV.

être des bavures, une sorte de progrès. Cette évolution selon Spencer, répétons-le, se présente comme scientifique : si Bergson lui refuse cette prétention, ce n'est pas par comparaison avec les travaux de Lamarck et de Darwin, mais parce qu'il voit dans l'œuvre de Spencer un « scientisme », et il va la critiquer comme telle.

Ce que Bergson ne voit pas dans l'évolutionnisme de Spencer, c'est le temps ou, plus exactement, ce que Bergson appelle la durée ; or la durée est justement essentielle au sens le plus rigoureusement philosophique du mot : elle est ici l'essence de l'évolution, ce qui la rend créatrice. L'œuvre de Spencer, c'est donc un évolutionnisme sans l'évolution.

Ainsi, du point de vue de Gilson, sous le nom d'évolution, croyant faire une œuvre scientifique, Spencer a construit une philosophie ; pour Bergson, non seulement il ne s'agit pas de science, mais il ne s'agit pas d'évolutionnisme ; mettre le vrai évolutionnisme à la place du faux, voilà le sens du bergsonisme, qui remplace ainsi une philosophie par une autre : « En ce sens, écrit Gilson, Bergson est Spencer continué ! »[1].

Cette évolution créatrice a pour principe « ce que Bergson nomme sans cesse la vie ». Si l'on s'en tient à l'essentiel, « on entendra simplement par là l'ensemble des forces naturelles à l'œuvre dans les êtres vivants » ; Bergson en parle comme d'une *vis a tergo,* une sorte de poussée vitale, bref ce qu'il appelle « l'élan vital »[2]. Mais quand, résumant Bergson, Gilson précise : « L'Elan vital, cette poussée créatrice, dont Bergson perçoit la présence à l'origine des espèces vivantes »[3], il doit bien constater « ce qu'ont de gratuit l'attribution de la création à la vie et l'exclusion de l'intelligence qu'elle suppose »[4].

Entre Bergson et Gilson il y a donc une opposition radicale à l'intérieur de l'élan vital, une espèce d'« égarement » métaphysique. « Bergson s'égarait pour une fois sur la voie descendante des hypostases plotiniennes, il mettait la Vie au-dessus de l'Intellect, fils premier-né de l'Un »[5].

La question posée par Gilson dans un contexte plotinien n'est évidemment pas celle qui serait dictée par un contexte bergsonien ; il

1. *Ibidem*, p. 155.
2. *Ibidem*, p. 163.
3. *Ibidem*, p. 162.
4. *Ibidem*, p. 168.
5. *Ibidem*.

s'agit-de savoir si c'est « gratuitement » que l'on ajoute à un « élan dit *vital* » une « *poussée gratuite* ».

Les lecteurs et parfois même les historiens de Bergson n'ont pas regardé d'assez près sa notion de création. Pourtant, une distinction, d'usage presque courant, la met en pleine lumière : c'est la distinction entre *découvrir* et *inventer* : « La découverte porte sur ce qui existe déjà, actuellement ou virtuellement : elle était donc sûre de venir tôt ou tard. L'invention donne l'être à ce qui n'était pas ; elle aurait pu ne venir jamais »[1].

Il faut bien voir qu'il y a là un défi à la raison. Bergson multiplie, ici, les formules provocantes. Dans une allocution, il introduisait la notion de création dans une définition de l'esprit : « Nous devons entendre par esprit une réalité qui est capable de tirer d'elle-même plus qu'elle ne contient » ; Bergson insiste : « la philosophie porte sur un objet qui a pour propriété essentielle... de tirer de son fonds non seulement tout ce qu'il y a mais plus qu'il n'y a »[2]. Et encore, dans une conférence en Angleterre : « Par où la force spirituelle, si elle existe, en quoi se distinguerait-elle des autres sinon par la faculté de tirer d'elle-même plus qu'elle ne contient ? »[3].

Quand Bergson a retrouvé l'irréductible réalité de l'acte libre, il a tout naturellement pris le mot « causalité » pour la décrire. Mais cette causalité est dans l'acte libre une donnée immédiate de la conscience et comme telle, sans aucun rapport, pas même de ressemblance, avec la causalité physique : « Si la relation causale existe encore dans le monde des faits internes, elle ne peut *ressembler en aucune manière* à ce que nous appelons causalité dans la nature »[4]. Bergson commence donc par exprimer la distinction en ajoutant des adjectifs au substantif : « causalité physique », « causalité psychologique ». Mais un jour vient où le philosophe ne peut plus se servir d'un même mot avec deux sens opposés : Bergson laisse donc le mot « causalité » là où il devait

1. *La Pensée et le Mouvant*, Paris, Alcan, 1934, p. 62.

2. Allocution à une conférence du pasteur Hollard, 14 mai 1911, *Mélanges*, p. 887.

3. *La conscience et la vie*, Université de Birmingham, 10 mai 1911, texte français dans *L'Energie spirituelle, Essais et conférences*, Paris, Alcan, 1922, p. 22.

4. *Données immédiates*, p. 153 (132), mots soulignés par nous. Quelques lignes plus loin il parle d'« apparentes analogies » comme si Bergson avait voulu, d'avance, bien marquer qu'il ne s'agit même pas d'analogies.

préciser «physique», et il dit «création» là où il disait «causalité psychologique».

Il était indispensable de dissiper toute équivoque sous le mot «causalité», car il s'agit de deux articulations fondamentalement opposées dans le bergsonisme. Une définition classique du principe de causalité indique qu'il n'y a rien de plus dans l'effet que dans la cause, car ce *plus* serait sans cause. Cette définition fait ressortir deux aspects de la causalité : d'une part, elle semble bien être comme une variante du principe d'identité; d'autre part, elle est explicitement opposée à une création. La causalité «implique que *rien ne se crée* dans le passage d'un moment au moment suivant»; la création «implique *au contraire* – c'est Bergson qui écrit *au contraire* – par l'acte lui-même, quelque chose qui n'existait pas dans les antécédents»[1].

Il n'y a donc rien de «gratuit» dans la pensée de Bergson quand elle isole la faculté de créer et la sépare de l'intelligence. Si l'acte de créer n'est pas soumis au principe de causalité, et même «au contraire», comment dépendrait-il d'une «intelligence» qui a pour principe directeur de la pensée le principe de causalité? Étienne Gilson peut, certes, demander le pourquoi de «l'attribution de la création à la Vie» quand la Vie est l'élan vital; mais il y a de solides raisons pour exclure dans la réponse «une intellection créatrice».

Dans le chapitre *Bergsonisme et finalité* du livre *D'Aristote à Darwin* la philosophie rejoint l'histoire, ce qui n'empêche pas de dire aussi que l'histoire appelle la philosophie. Mais quelle philosophie? Le titre complet de l'ouvrage nous le dit : *D'Aristote à Darwin et retour* : retour à Aristote, évidemment[2]. Le problème classique de la finalité offre des occasions de préciser ce thème du retour. Suivant une tactique dont sa pensée est coutumière, Bergson commence par imaginer deux positions-limites et absolument opposées : le «mécanisme radical» et le «finalisme radical»; et, chose curieuse, les deux doctrines sont inacceptables pour les mêmes raisons; ici et là, nous sommes dans un univers où «il n'y a rien d'imprévu, point d'invention

1. Bergson à Léon Brunschvicg, 4 avril 1903, *Mélanges*, p. 586.

Sur la question de la création : Raymond POLIN, *Bergson philosophie de la création*, in *Etudes bergsoniennes*, vol. V, P.U.F., 1960. Henri GOUHIER, *Bergson et le Christ des Evangiles*, Paris, Fayard, 1961, puis Vrin, 1987, ch. IV, notamment pp. 120-123; *Bergson dans l'histoire de la pensée occidentale*, Paris, Vrin, 1989, ch. IV, *Causalité et création*.

2. *D'Aristote à Darwin*, p. 100 sq. sur Bergson et Aristote.

ni de création», où il n'y a qu'un temps sans durée qui, par suite, n'est pas réellement un temps. Ceci, bien sûr, est évident pour le «mécanisme radical», mais pour «le finalisme radical»? La finalité nous entraîne dans un univers où «les choses et les êtres ne font que réaliser un programme une fois tracé». «Le finalisme ainsi entendu n'est qu'un mécanisme à rebours»; de fait, «il substitue l'attraction de l'avenir à l'impulsion du passé»[1].

Comment l'idée du retour à Aristote s'est-elle glissée dans cette dissertation sur «bergsonisme et finalité»?

Bergson vient de poser ou plutôt de proposer un «élan vital» à l'origine des espèces animales[2].

L'explication par le mécanisme a été rejetée; il faut bien se tourner vers une «doctrine de la finalité». Que dit-elle? «Elle dit que les parties ont été assemblées sur un plan préconçu, en vue d'un but. En quoi elle assimile le travail de la nature à celui de l'ouvrier, qui procède, lui aussi, par assemblage de parties en vue de la réalisation d'une idée ou de l'imitation d'un modèle.» Mais, alors, où est la différence avec le mécanisme? Sans doute, la notion visiblement trop anthropomorphique est éliminée, mais il reste «une nature travaillant comme l'ouvrier humain en assemblant des parties»[3]. Or, commentant ce texte, Étienne Gilson y reconnaît une doctrine de la finalité attribuée à Aristote[4].

De là, une recherche approfondie qui, en somme, se ramène à deux démonstrations :

1- Il s'agit d'un «aristotélisme mal entendu».

2- L'aristotélisme véritable n'est pas aussi éloigné de Bergson que ce dernier le croyait.

«Il est exact que la notion de cause finale ait été inspirée à Aristote par l'exemple de l'activité artistique, artisanale, ou ouvrière». Bergson a raison de le rappeler et, à cette occasion, de critiquer une «doctrine de la finalité», qui nous montre une nature agissant comme agissent les hommes. Mais cette représentation anthropomorphique de la nature n'est pas celle d'Aristote : selon Gilson, celle d'Aristote est même rigoureusement contraire : «c'est l'art qui imite la nature et non pas inversement». Ce qui suit éclaire «inversement» : «à la

1. *Evolution créatrice*, pp. 42-43
2. *Ibidem*, p. 95 sq.
3. *Ibidem*, pp. 96-97.
4. *D'Aristote à Darwin*, p. 157 sq.

différence de l'art, la nature ne calcule pas, ne réfléchit pas, ne choisit pas», Gilson ajoute même : «c'est pourquoi lorsque rien ne vient en troubler le jeu, elle ne se trompe pas» et «elle ne fait rien en vain»[1].

Une fois écarté le mécanisme, un certain finalisme est inévitable, Bergson lui-même l'admet[2] et, *ipso facto,* un certain anthropomorphisme. Alors, quel finalisme? Pas celui qui suppose une nature faite à l'image de l'homme qui calcule, qui réfléchit, qui choisit etc., pas «le mauvais finalisme, où les vivants ne changent que pour réaliser des fins prédéterminées», mais «le vrai finalisme, celui des formes immanentes à la nature et travaillant du dedans à s'y incarner en modelant la matière selon leur loi»[3].

Cette «finalité immanente» qui n'est plus le «finalisme caricatural»[4], où la nature n'est pas imaginée comme un architecte qui exécute un plan, est-elle si différente de celle que Bergson voulait retrouver? «Avec lui, la notion naïve d'une production du présent par le futur cessait d'exister»[5]. Il ne s'agit évidemment pas d'une parenté philosophique mais d'une attitude commune devant le déterminisme de l'avenir. La critique que Bergson fait du finalisme attribué à Aristote «l'a conduit à faire revivre le véritable aristotélisme et à lui restituer la place usurpée par le faux»[6].

Bergson, dit Gilson, avait donc raison de rejeter le finalisme faussement attribué à Aristote, mais «il aurait peut-être dû faire effort pour comprendre le vrai...» Toutefois, Gilson sait parfaitement que Bergson ne pouvait vouloir faire cet effort puisque «sa critique de l'intelligence ne lui permettait même pas de l'envisager»[7], «critique de l'intelligence» que Gilson considérait comme «un des points les moins satisfaisants de sa doctrine»[8].

Citons une page de Gilson montrant qu'il voit clairement l'opposition entre la raison et la puissance créatrice, opposition beaucoup moins radicale, bien sûr, quand la puissance créatrice est un *intellect.*

Gilson écrit donc de Bergson : «Sa remarquable méconnaissance de la vraie nature de l'intellect, où il s'obstinait à ne voir que la faculté

1. *Ibidem*, p. 158. Voir pp. 18, 23, 213-214.
2. *Evolution créatrice*, pp. 43 et 54.
3. *D'Aristote à Darwin*, p. 162.
4. *Ibidem*, p. 163.
5. *Ibidem*, p. 164.
6. *Ibidem*, p. 162.
7. *Ibidem.*
8. *Le philosophe et la théologie*, p. 154 et *supra.*

d'associer le même au même, de percevoir et aussi de produire des répétitions – en somme une machine à calculer – l'a conduit à situer ailleurs la source de l'invention, de la création, de tout ce par quoi la solution d'un problème dépasse la simple somme de ses données».

Gilson respecte trop la pensée de Bergson pour ne pas ajouter : «On demanderait vainement à Bergson de renier ce qu'il tenait pour la cheville ouvrière de sa dialectique; l'inaptitude de l'intelligence à créer du nouveau. Sa vocation naturelle est la géométrie».

DEUXIEME ESSAI

ÉTIENNE GILSON ET LA NOTION DE PHILOSOPHIE CHRÉTIENNE

I. ÉMILE BRÉHIER ET LA NOTION DE PHILOSOPHIE CHRÉTIENNE

Si l'on veut avoir une idée de ce que furent les recherches et les discussions sur la notion de «philosophie chrétienne» au cours des années 1925 et suivantes, on serait tenté de dire : au commencement était le chapitre écrit par Émile Bréhier à la fin du second fascicule du tome I de son *Histoire de la philosophie*. Ce fascicule a pour objet la *Période hellénistique et romaine* : tout naturellement, avant d'entrer dans *Le Moyen Age*, Bréhier ajoute alors un chapitre : *Hellénisme et Christianisme aux premiers siècles de notre ère*[1].

Ecrivant une histoire générale de la philosophie, Émile Bréhier devait inévitablement arriver à un moment où il faudrait se demander ce qu'avait été le comportement réciproque de l'hellénisme et du christianisme. Sujet historique et, comme tel, lié à une certaine époque. Quelle a donc été la réponse de l'historien?

D'abord une précaution: «Il serait dangereux de confondre ici le christianisme même avec l'interprétation qu'on en donne après beaucoup de siècles écoulés»[2]. «Le christianisme même» est donc celui des origines.

«Le christianisme, à ses débuts, n'est pas du tout spéculatif, il est un effort d'entr'aide à la fois spirituelle et matérielle dans les commu-

1. Librairie Félix Alcan, t. I, 2e fascicule, 1927. Ce chapitre avait été publié en article dans la *Revue philosophique* également en 1927.

2. *Ibidem*, p. 493.

nautés »[3]. D'ailleurs, « la forme naturelle et spontanée du christianisme n'est pas l'enseignement didactique et par écrit », ou du moins, ce ne sont que « des écrits de circonstance, épitres », paraboles...[4]; bref « nul exposé doctrinal, cohérent et raisonné »[5], une « absence totale de vues théoriques et raisonnées sur l'univers et sur Dieu »[6].

Au contraire, « la philosophie grecque est arrivée, vers l'époque de notre ère, à l'image d'un univers tout pénétré de raison, dénué de mystère ». Toute la sagesse pratique « est commandée par ce rationalisme. Dans ses consolations, dans ses conseils, dans sa direction de conscience, c'est toujours le même refrain : quelle raison de se plaindre, de craindre, de se troubler, dans un monde où tout événement arrive à sa place et à son heure ? »[7].

On comprend alors qu'il était impossible de faire entrer l'un dans l'autre hellénisme et christianisme; et c'est cette impossibilité qu'exprime Bréhier lorsqu'à deux reprises il laisse venir sous sa plume l'expression « philosophie chrétienne ». « Il n'y a pas, en tout cas, écrit-il, pendant ces cinq premiers siècles de notre ère, de philosophie chrétienne propre impliquant une table de valeurs intellectuelles foncièrement originale et différente de celle des penseurs du paganisme...[8] Plus significatif peut-être serait le second texte car il annonce un programme de recherches : « Nous espérons (...) montrer dans ce chapitre et les suivants, que le développement de la pensée philosophique n'a pas été fortement influencé par l'avènement du christianisme et, pour résumer notre pensée en un mot, qu'il n'y a pas de philosophie chrétienne »[9].

Dans ce chapitre de son *Histoire de la philosophie,* Émile Bréhier met donc une coupure, si l'on peut dire, entre le christianisme et la philosophie grecque: le christianisme le plus proche de ses origines, c'est-à-dire celui des Evangiles, qui ne contient, même implicitement, aucun schème philosophique; et la philosophie grecque qui, en dépit de sa diversité, peut être mise sous l'étiquette du « rationalisme ».

3. *Ibidem.*
4. *Ibidem*, pp. 486 et 487.
5. *Ibidem*, p. 486.
6. *Ibidem*, p. 487.
7. *Ibidem*, pp. 486-487.
8. *Ibidem*, p. 493.
9. *Ibidem*, p. 494.

Mais il est très difficile de tracer des frontières à l'intérieur de l'histoire, tout particulièrement lorsqu'il s'agit de l'histoire des idées. Dans le premier des deux textes où il emploie l'expression « philosophie chrétienne », Bréhier ne parle plus du christianisme évangélique : il n'a pas trouvé de « philosophie chrétienne au cours des cinq premiers siècles de notre ère », c'est-à-dire au cours de cette période à laquelle est consacré le chapitre *Hellénisme et Christianisme aux premiers siècles de notre ère*, et qui comprend pourtant une partie de la patristique. En lisant dans le second tome les mots « dans ce chapitre et les suivants », nous constatons que Bréhier donne à l'expression « philosophie chrétienne » une extension indéfinie commandée par sa compréhension, mais qui ne correspond à aucune collection de cas particuliers.

Tel semble bien être, en effet, le mouvement de la pensée de Bréhier quand nous la voyons aboutir à l'article publié dans *La Revue de métaphysique* d'avril-juin 1931 : *Y a-t-il une philosophie chrétienne ?* Il n'est plus ici question du temps des Evangiles, ni des cinq premiers siècles de notre ère; mais de la « philosophie chrétienne » en tant que telle. Résumons d'un mot le sens de la mise au point opérée par Bréhier : à une vérité empirique il substitue une vérité logique.

Traversant l'histoire entière de la philosophie occidentale, M. Bréhier n'y trouve aucune idée qui serait à la fois de nature philosophique et spécifiquement chrétienne. A l'époque patristique et au Moyen Age, M. Bréhier s'arrête certes devant saint Augustin et devant saint Thomas; mais ce qui est philosophique dans leurs doctrines est grec. Aux siècles de l'époque moderne, de nouveaux rationalismes vont jouer le rôle qui avait été celui des Grecs, qu'il s'agisse du cartésianisme ou de l'hégélianisme. M. Bréhier va jusqu'à Maurice Blondel dont la « philosophie de l'action » est si proche parente de l'apologétique. Il s'agit donc pour lui d'une alternative, et la notion de « philosophie chrétienne » est contradictoire en elle-même : ou elle est chrétienne et n'est pas une philosophie, ou elle est une philosophie et elle n'est pas chrétienne. Bréhier retrouve ici un texte de Feuerbach qui sera souvent cité dans les discussions sur « la philosophie chrétienne » avec de petites variantes : « on ne peut pas plus parler d'une philosophie chrétienne que d'une mathématique chrétienne ou d'une physique chrétienne »[10]

10. *Revue de métaphysique et de morale*, avril-juin 1931, p. 162.

Il est tout à fait légitime de réunir ces deux articles d'Émile Bréhier comme s'ils étaient les deux étapes d'un même itinéraire. Mais, remis dans leurs contexte historique, ils se déroulent dans un milieu culturel où un autre historien, Étienne Gilson est déjà aux prises avec le même sujet. Leur rencontre se fait chez Xavier Léon.

En ouvrant la séance du 21 mars 1931 de la Société française de philosophie[11], Xavier Léon dit à Étienne Gilson : « Quand vous avez été de retour d'Amérique... », par conséquent en décembre 1930, « vous êtes venu, comme toujours, prendre de mes nouvelles »[12]. Léon Brunschvicg était là. On parle de son second article sur *La vraie et la fausse conversion* qui doit prochainement paraître dans *La Revue de Métaphysique et de morale* et dans lequel Gilson « sera un peu mis en cause sous les espèces de saint Thomas ». L'entretien est alors si « étincelant » que, presqu'au lendemain, Xavier Léon écrit à Gilson pour lui proposer de le reprendre afin d'en faire l'objet d'une séance de la Société. Gilson accepte : « seulement, vous avez tenu à élargir le débat et à ne pas le borner à la philosophie thomiste. Vous m'avez proposé *La notion de philosophie chrétienne.* » Alors, heureuse coïncidence : « Bréhier, justement, m'avait l'été dernier remis un article qui porte presque le même titre : *Y a-t-il une philosophie chrétienne ?* »[13].

Que s'était-il donc passé du côté de Gilson ?

II. LE THOMISME D'ÉTIENNE GILSON

A la Société française de philosophie, Étienne Gilson disait à Jacques Maritain : « historien de profession, c'est l'étude de l'histoire de la philosophie médiévale qui m'a conduit à me poser le problème de la philosophie chrétienne –, et non la position théorique du problème qui m'a conduit à l'étude de l'histoire ». Gilson précise même : il a commencé par être historien de la philosophie moderne et c'est à l'intérieur de cette histoire de la philosophie moderne que l'auteur de *La liberté chez Descartes et la théologie* a rencontré celle de la philosophie médiévale. « J'ai, rappelle-t-il, d'abord étudié l'influence

11. *Bulletin de la Société française de Philosophie*, séance du 21 mars 1931, n° double, mars-juin 1931, p. 39.

12. Lettre à Henri Gouhier, 4 décembre 1930 : « Je viens de rentrer il y a quatre jours ». Une lettre du 10 novembre 1930 est envoyée de The Institute of Medieval Studies, University of Toronto...

13. *Bulletin, cité*, p. 40.

de la philosophie médiévale sur certains aspects de la philosophie moderne, puis la philosophie médiévale elle-même, etc. ». C'est alors que lui vient une idée qui allait opérer un virage dans son itinéraire : « ... je me suis enfin demandé comment il se faisait que les uns et les autres fussent si différents de la philosophie grecque. » Et Gilson ajoute : « C'est seulement alors, et assez tardivement, que le problème de l'influence exercée par le christianisme sur le développement de la philosophie médiévale s'est posé dans mon esprit. » « Ce que je cherche dans la notion de philosophie chrétienne, c'est une traduction conceptuelle de ce que je crois être un objet historiquement observable ; la philosophie dans son état chrétien »[14].

Ainsi, dans la mémoire d'Étienne Gilson, ses recherches sur la « philosophie chrétienne » ont pour origine des réflexions sur son travail d'historien de la philosophie. Dans cette réponse à Maritain il ne donne aucune date. Ce qui est sûr, c'est qu'en 1925 il en utilise la notion et en connaît les problèmes.

En 1925, Gilson est déjà l'auteur d'une œuvre abondante ; sans parler de sa thèse sur Descartes, il a derrière lui d'importants articles recueillis dans les *Etudes de philosophie médiévale* (1921) dont je citerai seulement *Le sens du rationalisme chrétien* et *La signification historique du thomisme*[15] ; *La philosophie au Moyen Age,* deux volumes de la Collection Payot (1922) ; *La philosophie de saint Bonaventure* (1924), avec préface datée[16] : 27 avril 1924[17] ; deux éditions de *Le thomisme, Introduction au système de saint Thomas d'Aquin* (1920 et 1922) auxquelles Gilson ajoute une « troisième édition revue et augmentée » en 1927 avec une préface datée : 12 juin 1925[18].

Dans la partie nouvelle de cette troisième édition du *Thomisme,* l'expression fréquemment employée de « philosophie de saint Thomas » demande une explication. Comment, en effet, parler d'une « philosophie » de saint Thomas ? « Que sera donc cette philosophie ? saint Thomas ne l'a jamais pratiquée, ni vue, qu'à sa place dans l'édifice hiérarchique de la Sagesse chrétienne, et c'est pourquoi, sans doute, il

14. *Bulletin de la Société française de philosophie*, 21 mars 1931, p. 72.

15. Strasbourg, 1921, Commission des publications de la Faculté des Lettres.

16. Repris ou plutôt refait en un seul volume, 2e édition revue et augmentée, 1944.

17. Paris, Vrin, 1924.

18. Paraît d'abord à Strasbourg chez Vix, 1920, puis à Paris chez Vrin, 1922. Je cite d'après la 3e édition, revue et augmentée, Vrin, 1927.

n'a jamais songé à l'en détacher pour lui donner un nom. Elle peut en recevoir un cependant, parce qu'elle existait et qu'elle en portait un longtemps avant que saint Thomas ne l'eût transformée et profondément marquée de son empreinte : c'est la *philosophie chrétienne* »[19].

Ainsi, dans le thomisme, la philosophie n'apparaît toujours qu'à l'intérieur de la théologie, et rien ne l'invite à s'extérioriser dans un mot qui lui soit propre. Mais ce mot existe depuis longtemps, même avant saint Thomas. Gilson donne donc immédiatement la définition de *philosophie chrétienne* : « Entendons par là une philosophie qui veuille être une interprétation rationnelle du donné mais pour qui l'élément capital de ce donné reste la foi religieuse dont la révélation chrétienne définit l'objet. » E. Gilson a trouvé l'expression dans une biographie de saint Thomas publiée au XVIIIe siècle[20]. A cette expression, il paraît toutefois soucieux de donner une connotation telle que « le rôle dévolu à la raison et la place faite à la philosophie [puissent] varier à l'infini ». Concrètement : une définition qui conviendrait aussi bien et même encore mieux à saint Thomas qu'à saint Bonaventure sur lequel il vient d'écrire un gros livre (1924), et à saint Augustin sur lequel il en prépare un autre[21]. L'idée de donner à l'expression « philosophie chrétienne » un sens propre – peut-être dirait-on aujourd'hui « un sens technique » – cette idée vient à Gilson en réfléchissant sur ce qu'il trouve dans le thomisme sous le mot « philosophie ». Il essaie de l'exprimer dans un texte qui est plus une approche concrète qu'une définition.

Si nous comprenons bien Étienne Gilson, saint Augustin et saint Bonaventure ont l'intention d'élaborer une doctrine qui serait chrétienne ; mais ils « traiteront volontiers la science séculière en suspecte » ; c'est bien « une servante » de la foi, mais dont « on n'attend qu'un service étroitement surveillé »[22]. Tous les travaux antérieurs de Gilson lui ont cependant montré chez saint Thomas une attitude radicalement différente, qui renouvelle la notion de « philosophie chrétienne » en renouvelant celle de « philosophie ». Cela est si important ! Que cette page introduite dans le texte du *Thomisme* soit

19. *Thomisme*, p. 40 ; mots soulignés dans le texte.

20. *Ibidem*, p. 40 et note 2 ; A. TOURON, *La vie de Saint Thomas d'Aquin*... avec un exposé de sa doctrine et de ses ouvrages, Paris, 1937.

21. *Introduction à l'étude de saint Augustin*, Paris, Vrin, 1929

22. E. GILSON, La doctrine de la double vérité dans les *Etudes de philosophie médiévale*, Strasbourg, 1921, p. 52.

fondamentale, c'est ce que prouve le fait que Gilson consacre à la notion de « philosophie chrétienne » toute la préface ajoutée à cette troisième édition ; préface datée, on l'a vu, du 12 juin 1925.

Selon Étienne Gilson, saint Thomas a renouvelé le vieux problème de la raison et de la foi, et toutes ses variantes, en introduisant dans la relation du côté de la raison une philosophie aussi purement et aussi parfaitement rationnelle que pourrait l'être alors celle d'Aristote. « La découverte de sa métaphysique et de sa physique, écrit Gilson, produisit sur les esprits du XIIIe siècle une impression telle que l'on en vint rapidement à identifier Aristote avec la philosophie et la raison. » « L'aristotélisme, écrit encore Gilson, n'était pas alors une philosophie, il était la philosophie »[23]. Si l'indépendance de la raison en physique et en métaphysique est inscrite dans « la signification historique du thomisme », on comprend qu'Étienne Gilson « reconnaisse que le thomisme est une des manifestations les plus caractéristiques de la raison humaine »[24]. En ce sens « Thomas d'Aquin est le premier des philosophes modernes, au sens plein du mot... », puisqu'il est le « premier occidental dont la pensée ne se soit asservie ni à un dogme ni à un système »[25].

Que se passe-t-il alors en 1925 ?

Étienne Gilson relit son *Thomisme*. Il croit bon de reprendre alors la question : comment peut-on parler de « la philosophie de saint Thomas ? » Mais, après ce que ses travaux sur le thomisme lui ont appris, cette question devient une objection. Gilson la connaît bien, et justement la préface de la troisième édition est là pour mettre les choses au point. « Vous faites de saint Thomas un pur philosophe ». Or n'est-ce pas le « comble du paradoxe » puisqu'il n'a jamais parlé de philosophie qu'à l'occasion de théologie ? Mais les textes sont là : « Il ne nous semble pas honnêtement possible de considérer la philosophie de saint Thomas comme autre chose que la solution purement rationnelle d'un problème uniquement philosophique. » Et encore : « Lorsqu'on le situe dans la tradition historique, le thomisme apparaît, en effet, comme la solution originale d'un problème déjà plusieurs fois séculaire à l'époque où saint Thomas entreprend de le résoudre : à

23. *Ibidem*, p. 53.

24. *La signification historique du thomisme*, in *Etudes médiévales*, p. 76. Dans toute cette étude, Gilson ne manque pas de citer avec Thomas d'Aquin son maître, Albert le Grand.

25. *Etudes médiévales*, Préface, p. V.

quelles conditions une philosophie chrétienne en général est-elle possible ? » Une formule lapidaire dispense d'un long discours : « pour qu'une philosophie chrétienne soit possible, répond saint Thomas, il faut d'abord qu'elle soit une philosophie »[26].

On ne saurait trop souligner l'importance historique de ce que nous apprend la troisième édition du *Thomisme*. Étienne Gilson n'a pas rencontré la question de « la philosophie chrétienne » dans *l'Histoire de la philosophie* d'Émile Bréhier. Il s'agit de deux itinéraires qui n'ont pas le même point de départ et qui n'obéissent pas aux mêmes préoccupations.

Dans la mesure où il est permis de faire intervenir des dates, tout porte à croire que les premiers textes de Gilson sur la « philosophie chrétienne » sont antérieurs à ceux de Bréhier sur le même sujet. La préface de la troisième édition du *Thomisme* est de 1925 ; le chapitre du livre de Bréhier paraît en 1927. La pensée d'Émile Bréhier sur « la philosophie chrétienne » ou plutôt sur l'absence de « philosophie chrétienne » paraît avec toute sa signification et ses conséquences historiques dans l'article de la *Revue de Métaphysique* d'avril 1931.

En somme, Gilson ne connaît vraiment la thèse de Bréhier qu'à la séance tenue à sa demande, et au cours de laquelle ce dernier présente l'essentiel de l'article qui est alors à l'impression.

Cela dit, la chronologie est, ici, sans importance... Ecrivant une histoire générale de la philosophie, tout naturellement Bréhier arrive à l'époque où se pose la question du comportement de la pensée chrétienne dans une histoire des idées où les Grecs sont rois. A l'origine, les textes de Bréhier sur la « philosophie chrétienne » appartiennent à des œuvres de circonstance. Il ne semble pas que Bréhier soit revenu sur ce sujet.

Bien différente est la perspective d'Étienne Gilson. Professeur de philosophie médiévale, il trouve dans chaque auteur le problème de l'accord de la foi avec la raison. Or voici que, par la présence d'Aristote du côté de la raison, ce problème est celui que nous connaissons bien aujourd'hui du rapport de la foi avec la science, c'est-à-dire d'une raison non dépendante de la révélation. Accepter cette situation, telle est précisément la signification historique du thomisme. A situation nouvelle, expression nouvelle : Gilson appelle chrétienne une philosophie aussi purement rationnelle que la physique ou les

26. *Thomisme*, préface de la 3e édition, p. 9.

mathématiques, et pourtant parfaitement accordée à la foi. La notion de « philosophie chrétienne » selon Gilson a donc pour origine ce concours de circonstances que représente le thomisme ; mais, de ce fait, le thomisme devient le modèle de toute philosophie capable de cohabiter avec la révélation sans cesser d'être une philosophie *stricto sensu*. On comprend alors que la notion et les problèmes de la « philosophie chrétienne » soient un des thèmes fondamentaux dans les méditations de Gilson sur « naturel et surnaturel ».

De fait, quand Gilson revient d'Amérique en décembre 1930, s'il propose à Xavier Léon une séance sur *La notion de philosophie chrétienne*, c'est qu'il s'agit du sujet même de ses derniers travaux.

III. « UNE INCROYABLE HISTOIRE »

Dans la lettre du 10 novembre 1930, déjà citée[27], nous lisons : « je suis rentré il y a quatre jours et je me sens en assez bonne forme », « je suis présentement tout à mes Gifford lectures qui en sont à leur troisième plan, mais c'est le bon. » Gilson continue : « Les deux autres ont refusé de marcher et même de céder à la violence, au lieu que celui-là, jusqu'à présent, engendre ses propres chapitres avec la spontanéité d'un être vivant. » Quand il ajoute : « Mais quelle histoire ! Que ne va-t-on pas raconter ! Brunschvicg et le P. Mandonnet vont s'unir pour m'anathémiser »[28], on ne peut pas ne pas penser aux deux premières conférences devenues les deux premiers chapitres de *L'Esprit de la philosophie médiévale* avec les titres : I, *Le problème de la philosophie chrétienne* et II, *La notion de philosophie chrétienne*.

Ces deux chapitres ont une curieuse histoire que Gilson raconte cinq ou six ans plus tard dans *Christianisme et philosophie*[29].

Étienne Gilson vient de caractériser « le fond du débat » provoqué par la notion de philosophie chrétienne en déclarant : « il s'agit simplement de savoir si l'on admet ou si l'on nie que l'exercice d'une raison naturelle reconnue par la révélation en soit encore un exercice rationnel et si la philosophie qu'elle engendre mérite encore le nom de philosophie. » Ici, le texte devient confidence « On me reproche de *m'acharner* à maintenir l'expression de philosophie chrétienne ». Eh

27. *Supra*.
28. Lettre à Henri Gouhier, 10 novembre 1930.
29. *Christianisme et philosophie*, Paris, Vrin, 1936, p. 128-129.

bien ! « mes raisons personnelles n'ont rien de secret : elles tiennent à une histoire, qui est brève, et si simple que je vais la dire sans espérer qu'on veuille la croire. » Suit alors l'histoire incroyable : « J'ai écrit le premier volume de *L'Esprit de la philosophie médiévale,* de ce qui en est devenu le chapitre III jusqu'à la fin, sans penser à la notion de philosophie chrétienne ; c'est alors que je l'ai rencontrée et comme elle me semblait donner une unité à la philosophie que j'étais en train d'écrire, j'ai écrit sur cette notion les deux premiers chapitres »[30].

« J'étais assez content de ma découverte », c'est Gilson qui écrit ces deux mots... On ne peut pas ne pas penser à ce « troisième plan » dont il parle dans la lettre du 10 novembre 1930. Quoi qu'il en soit, la confidence d'Étienne Gilson faite dans *Christianisme et philosophie* est historiquement très importante ; prise à la lettre, elle introduit dans l'histoire de son esprit un avant et un après : un avant et un après la « découverte » de la notion de « philosophie chrétienne ». Mais, en écrivant les pages qui seront les chapitres trois et suivants de *L'Esprit de la philosophie médiévale* il constate qu'il faisait de la « philosophie chrétienne » sans le savoir.

Mais que veut dire ici : prendre à la lettre ? Il nous est difficile de croire que Gilson a oublié ce qu'il a écrit dans la troisième édition du *Thomisme,* dans la préface de 1923 notamment. Prendre à la lettre signifie que l'incroyable histoire raconte ce qui se passait dans l'esprit de Gilson pendant qu'il écrivait la première série de ses *Gifford Lectures*. C'est un fait qu'alors il ne pensait pas à la « philosophie chrétienne », il en a découvert la notion quand il l'a, en quelque sorte, sentie en train de rendre cohérente la philosophie qu'il cherchait à mettre sur le papier. La suite de la confidence semble justifier cette lecture.

Dès que Gilson fait sienne la notion de « philosophie chrétienne » il cherche, ce qui ne nous étonne pas, à en connaître l'histoire. De là l'idée d'ajouter au texte des *Gifford Lectures* et à ses notes des *Notes bibliographiques pour servir à l'histoire de la notion de philosophie chrétienne*. Le travail que Gilson s'est alors imposé montre bien l'intérêt qu'il portait à cet appendice bibliographique[31].

D'abord, retournons à la confidence de *Christianisme et philosophie*. Sans même aller à la ligne, il ajoute une autre « découverte » :

30. *Ibidem*, p. 129.
31. *Esprit de la philosophie médiévale*, Ire série, 1932, pp. 297-324.

« J'étais assez content de ma découverte, lorsqu'en étudiant ensuite les documents relatifs à cette notion et rencontrant l'Encyclique *Aeterni Patris,* que, confesse-t-il, j'avais totalement oubliée », il constate que le Pape Léon XIII a dit tout ce qu'il y avait à dire sur la signification et l'enseignement de la « philosophie chrétienne »[32]. Dès lors, la fidélité à l'Encyclique *Aeterni Patris* fait en quelque sorte partie de la définition de la « philosophie chrétienne ».

Fait important : dans les *Notes bibliographiques* écrites et publiées en 1932, donc avant *Christianisme et philosophie* (1936), une page entière est consacrée aux œuvres de Gilson citées avec des références précises, voire avec des correctionsrenvoyants aux passages permettant de situer dans une histoire de la « philosophie chrétienne » des textes où l'expression n'est pas prononcée. Bien entendu, les textes de la troisième édition du *Thomisme* sont signalés, sauf ceux de la Préface de 1925[33].

Autre fait à signaler. Dans les deux premières études très importantes que Gilson publie sur la « philosophie chrétienne », la communication à la Société française de philosophie et les deux premiers chapitres de *L'Esprit de la philosophie médiévale,* Gilson ne cite pas les deux études de Bréhier. Or Gilson n'est pas de ces auteurs qui oublient de signaler leurs sources, et encore moins de ceux qui cachent leurs désaccords. En réalité, vus de près, il s'agit de deux itinéraires parallèles, et le long dialogue de la Société française de philosophie était, au fond, fait de deux monologues. Mais dans une esquisse bibliographique pour servir à l'histoire de la notion de philosophie chrétienne, il ne pouvait pas être question d'omettre les deux études de Bréhier et on peut être sûr que Gilson ne l'a même pas envisagé[34] : il leur donne une page entière. Le nom de Bréhier reviendra dans le récit de « l'aventure » que fut pour lui la recherche de cette notion de philosophie chrétienne « que, dit-il, j'avais eu tant de peine à retrouver dans les faits et dont mon collègue M. E. Bréhier m'avait remis le nom en mémoire, en niant qu'elle existât » alors qu'« elle s'était pourtant imposée à moi au terme d'une longue recherche »[35].

32. *Christianisme et philosophie*, p. 129.

33. *Esprit de la philosophie médiévale*, pp. 316-317. On ne voit pas pourquoi la préface n'est pas citée ; quand Gilson juge que son texte ne lui convient plus, il le dit.

34. *Ibidem*, p. 321.

35. *Christianisme et philosophie*, p. 130.

IV. LA SITUATION DU CHRÉTIEN PHILOSOPHE

Les deux premières *Gifford Lectures* ont donc le privilège d'être aussi le premier exposé magistral dans lequel Étienne Gilson souhaite d'abord en finir avec le problème de la « philosophie chrétienne » (ch. I), puis entreprendre d'en donner une idée vraiment claire (ch. II). Il est manifeste que Gilson a le sentiment de mettre une pensée précise et partout nouvelle sous une expression qui doit son apparente évidence à une simple absence de réflexion. Toutefois, il lui est difficile de ne pas mêler la recherche d'une définition fondée sur la compréhension des termes avec la critique des philosophes ou des théologiens qui persistent à ne pas voir dans l'expression de « philosophie chrétienne » la possibilité d'accorder l'adjectif au substantif. Essayons de ne retenir des polémiques que ce qui favorise la compréhension de l'expression, et de montrer dans ce premier grand exposé de la « philosophie chrétienne » prise dans toute son extension quelques thèmes majeurs que Gilson ne cessera de tenir pour fondamentalement vrais.

La « philosophie chrétienne » se présente d'abord comme relevant de l'histoire. Il y a des historiens qui, sans discuter *a priori* la question de savoir s'il peut ou non y avoir une *philosophie chrétienne*, constatent comme un fait que même au moyen âge il n'y en a jamais eu[36]. Dans les doctrines médiévales, en effet, ce qui est philosophique vient des Grecs : et alors ? Quand ce fait serait établi, qu'est-ce que cela prouverait ? Qu'il n'y a jusqu'à cette époque aucune « philosophie chrétienne » connue, non qu'il n'y en aura jamais[37]. En réalité, la question d'histoire est supposée être une question de logique.

« Le fait que les historiens croient constater, les philosophes nous en apportent la raison. S'il n'y a jamais eu de philosophie chrétienne historiquement observable, c'est que la notion même est contradictoire et impossible ». En effet, « tous s'accordent pour affirmer que la religion n'est pas de l'ordre de la raison, et qu'à son tour la raison ne saurait relever de l'ordre de la religion. Or, l'ordre de la raison c'est précisément celui de la philosophie ». On voit alors la contradiction : si la « philosophie chrétienne » est réellement philosophique, elle ne

36. *L'Esprit de la philosophie médiévale*, 1re série, pp. 2-3.
37. *Ibidem*, p. 10.

peut plus être vraiment chrétienne; si elle est réellement chrétienne, elle ne peut plus être vraiment philosophique[38].

De là, la célèbre comparaison que Gilson doit à Feuerbach : « Nul ne songerait aujourd'hui à parler d'une mathématique chrétienne ou d'une biologie chrétienne, ou d'une médecine chrétienne. Pourquoi ? Parce que la mathématique, la biologie et la médecine sont des sciences et que la science est radicalement indépendante de la religion dans ses conclusions comme dans ses principes »[39].

Ces dernières citations expriment la pensée de philosophes ou de théologiens qui jugent la notion de « philosophie chrétienne » condamnée de l'intérieur par la logique même de sa définition. Or, dans la préface de 1925 que nous avons lue en tête de la troisième édition du *Thomisme,* Étienne Gilson reconnaît la possibilité d'échapper à cette logique, de sorte que le problème de la « philosophie chrétienne » se trouve déplacé : il s'agit de savoir non plus s'il y a incompatibilité[40] logique entre le substantif et l'adjectif mais si, concrètement, en dépit de cette incompatibilité, une certaine relation ne subsisterait pas, qui se manifesterait dans une collaboration entre les données de la conscience chrétienne et les analyses de la philosophie.

Mais comment établir une collaboration entre ce qui est naturel et ce qui est surnaturel ? On a vu comment Émile Bréhier insistait sur « l'absence totale de vues théoriques sur l'univers et sur Dieu » dans les textes évangéliques[41]. Entre le monde de la foi et le monde de la raison, aucune communication n'est possible, tout au plus des juxtapositions. Au Moyen Age par exemple, il y a bien des chrétiens qui deviennent philosophes, mais tout ce qu'il y a de philosophique dans leurs doctrines est emprunté aux Grecs, platoniciens, aristotéliciens, stoïciens.

Quant aux livres saints, ce ne sont certes pas des livres de philosophie, mais, Gilson le montre aisément, leurs textes sont imprégnés de philosophie. « La Bible contenait une foule de notions sur Dieu et le gouvernement divin. » « Va-t-on, demande Gilson, supprimer la 1re Epitre de saint Jean ? » ; va-t-on « retrancher l'Evangile de Jean avec la doctrine du Verbe contenue dans le Prologue ? ». « Jésus lui-même a

38. *Ibidem*, p. 3

39. *Ibidem*, p. 3 ; cf. p. 38. Textes de Feuerbach, *Ibidem*, Notes bibliographiques, n° 13, pp. 306-307. Les trois exemples – mathématique, biologie, médecine – viennent de Feuerbach.

40. *Supra.*

41. *Supra*

enseigné la doctrine, prêché la foi en un Dieu Providence, annoncé aux hommes la vie éternelle». Il y aurait encore beaucoup à dire dans ce sens si l'on prend l'Ancien Testament; à commencer par l'idée de création[42].

La situation n'est donc pas aussi simple qu'elle le paraissait quand nous avions à considérer seulement deux domaines aux frontières nettement découpées : celui de la religion et celui de la philosophie. Il y a, écrit Gilson, «une sorte de champ commun à la philosophie et à la théologie et que la raison guidée par la foi parcourt en tous sens»[43]. Il y a des vérités de la foi qui peuvent devenir aussi des vérités de la raison : l'existence de Dieu, par exemple, la nature de l'âme...

Ce «champ commun» est donc ce qui rend possible et même provoque la collaboration entre la foi et la raison. Comprenons bien : quand je démontre l'existence de Dieu, celle-ci n'est plus alors pensée par moi comme une vérité de foi; quand je récite «je crois en Dieu», cet acte de foi n'est plus pensé par moi comme une vérité rationnelle[44]. Il y a, écrit Gilson, «la rencontre de deux lumières»[45]. Comment s'opère cette rencontre?

Le surnaturel n'entre pas en tant que tel «dans la texture» de la philosophie qui doit rester «purement naturelle»[46]. Alors il est normal que la foi cherche l'intelligence virtuellement présente en elle[47]. Remarquons aussi dans ce célèbre *Fides quaerens intellectum* une primauté de la *fides,* ce qu'exprime une autre formule célèbre, celle qui fait de la philosophie «la servante de la théologie»[48] : mais il y a deux façons de la prononcer. Pour son inventeur, saint Pierre Damien, «servante» évoque servitude. Quand Gilson écrit : «la philosophie se subalterne à la théologie»[49], il faut penser à l'intellect au service des exigences les plus hautes de l'esprit selon le thomisme.

42. *L'Esprit de la philosophie médiévale.*

43. *La signification historique du thomisme*, in *Etudes de philosophie médiévale*, Strasbourg, Publications de la Faculté des Lettres de l'Université de Strasbourg, 1921, p. 114.

44. *Esprit de la philosophie médiévale*, t. II.

45. *Ibidem*, t. I, p. 43

46. *Ibidem*, pp. 35, 39, 43.

47. *Ibidem*, pp. 5, 35, 37

48. *La signification historique du thomisme*, *ouvr. cité*, p. 96. Voir sur ce thème : *La servante de la théologie*, même recueil avant saint Thomas.

49. *Esprit de la philosophie médiévale*, t. I, p. 6.

Si telle est la collaboration de la raison avec la foi dans leur « champ commun », elle définit, semble-t-il, cette « doctrine sacrée » minutieusement étudiée par saint Thomas en tête de la *Somme*, Quaestio I, *De sacra doctrina, qualis sit et ad quae se extendat.* C'est dans la Métaphysique d'Aristote que saint Thomas trouve le mot qui convient : « théologie », c'est-à-dire « science divine », *theologia sive scientia divina*[50]. On peut alors se demander où est la différence entre cette « théologie » et la « philosophie chrétienne ». De fait, cette question ne cessera pas d'être présente dans la recherche des définitions qu'Étienne Gilson va proposer.

Commençons cette recherche par l'exposé chronologiquement privilégié des deux premières conférences d'Aberdeen. La définition de la « philosophie chrétienne » est proposée dans les dernières pages de la seconde[51], mais on trouve presque au début de la première le point de vue choisi par Gilson pour regarder « le problème », puis « la notion de philosophie chrétienne ». Ce point de vue est celui de l'histoire qui travaille sur des faits, et qui situe ces faits dans un monde d'intentions, de décisions, d'actions et de réactions.

C'est donc l'historien de la pensée médiévale qui parle. Or il se demande ce qu'avant saint Thomas auraient répondu des augustiniens, saint Anselme et saint Bonaventure par exemple, si on leur avait parlé de la philosophie comme œuvre de la seule raison. « L'exercice de la raison pure leur semble assurément possible, et comment en douter après Platon et Aristote ? Mais... ». Ce « mais » va introduire un changement de point de vue : « mais ils se tiennent toujours sur le plan des conditions de fait dans lesquelles s'exerce la raison, non sur celui de sa définition »[52]. Autrement dit : ces augustiniens ne s'intéressent pas aux possibles de la raison prise abstraitement, mais aux réalisations d'une raison qui tient compte des circonstances, *circumstantiae.* Or, « c'est un fait qu'entre les philosophes grecs et nous, il y a eu la Révélation chrétienne et qu'elle a profondément modifié les conditions dans lesquelles la raison s'exerce ». Phrase d'un intérêt majeur qui opère un changement de plan : on passe de l'exercice théorique de la raison pure à l'exercice pratique de la raison dans son contexte historique. La conséquence immédiate de ce changement est une

50. Saint Thomas, *Somme théologique*, Question I, Article I.
51. *Esprit de la philosophie médiévale*, t. I, p. 39.
52. *Ibidem*, p. 5.

question. Mais une question qui annonce sa réponse : « Comment ceux qui ont cette révélation pourraient-ils philosopher comme s'ils ne l'avaient pas ? »[53]

On ne sera pas surpris de rencontrer cette question à l'entrée de chaque exposé qu'Étienne Gilson proposera de la « philosophie chrétienne ».

Lisons, par exemple, celui de la deuxième *Gifford Lecture* : « ... j'appelle donc philosophie chrétienne *toute philosophie qui, bien que distinguant formellement les deux ordres, considère la révélation chrétienne comme un auxiliaire indispensable de la raison*»[54].

Étienne Gilson y dit tout en quelques mots :

— « *...distinguant formellement les deux ordres* » : pas de confusion entre l'ordre de la foi et l'ordre de la raison. Gilson sous-entend l'idée thomiste de la philosophie, lui reconnaissant cette indépendance qui est propre à toutes les sciences. S'il y a une « philosophie chrétienne », sa vérité, comme celle de la physique, ne doit rien à la foi.

— « *considère la révélation chrétienne comme un auxiliaire indispensable de la raison* », ce mot *auxiliaire* nous rappelle que le surnaturel ne mêle aucun texte à celui de la philosophie mais intervient dans l'inspiration et l'élaboration de cette philosophie.

Gilson a lui-même souligné ces lignes. Celles qui suivent pourraient l'être. Gilson continue donc : « cette notion de « philosophie chrétienne » ne correspond pas à une essence simple susceptible de recevoir une définition abstraite ; elle correspond bien plutôt à une réalité historique concrète dont elle appelle la description ».

On ne saurait mieux exprimer le changement de point de vue que Gilson veut opérer. Bien sûr, on peut considérer la « philosophie chrétienne » comme posant un problème de logique : ce que dit le substantif n'exclut-il pas ce que dit l'adjectif et ce que dit l'adjectif n'exclut-il pas ce que dit le substantif ? Mais le véritable problème de la « philosophie chrétienne » n'est pas là : il est vécu dans la conscience du chrétien qui veut être philosophe : peut-il philosopher comme s'il n'était pas chrétien ? Il ne s'agit pas d'une possibilité mais d'une impossibilité ; et cette impossibilité est éprouvée dans une évidence qui

53. *Ibidem*.
54. *Ibidem*, p. 39.

manifeste une expérience ou, si l'on préfère, dans une expérience qui impose une évidence.

On reconnaît, ici, ce que, faute d'un mot meilleur, il convient d'appeler le réalisme d'Étienne Gilson : souci de ne pas quitter le réel, recherche des faits sur lesquels la pensée doit s'appuyer, volonté de n'être pas dupe des mots, et surtout : sens continu de la présence humaine dans le cœur comme dans la pensée.

Soulignons cette dernière phrase : elle indique la direction dans laquelle on trouvera les faits à mettre sous la définition de la « philosophie chrétienne ». Gilson ajoute donc : « Ce que je cherche dans la notion de philosophie chrétienne, c'est une traduction conceptuelle de ce que je crois être un objet historiquement observable : la philosophie dans son état chrétien »[55].

De cet « objet historiquement observable », Étienne Gilson parle longuement dans les deux premières conférences d'Aberdeen et à la séance de la Société française de philosophie du 31 mars 1931. Dans la fin de sa réponse à Maritain, les mots « la philosophie dans son état chrétien » ont une plus grande extension que « l'influence du christianisme sur la philosophie médiévale ». Gilson fera aussi intervenir son influence sur la philosophie moderne. D'autre part, « la philosophie dans son état chrétien » est prise aussi avec une compréhension limitée à la situation du chrétien qui veut être philosophe. Il y a donc deux perspectives.

Dans la première perspective, la question déborde ce qui concerne la « philosophie chrétienne ». Il ne saurait être question de faire de Descartes un *philosophe chrétien*, disait Gilson à Aberdeen, mais osera-t-on soutenir que la philosophie moderne serait exactement ce qu'elle a été de Descartes à Kant si elle n'avait pas reçu du christianisme « quelques-uns de ses principes directeurs »[56] ? Étienne Gilson le montre longuement pour l'idée de création chez Descartes, et dans sa première conférence d'Aberdeen, et dans sa discussion avec Bréhier à la Société française de philosophie[57]. On aboutit ainsi à la question

55. *Bulletin de la société de philosophie*, 21 mars 1931, p. 72.

56. *L'Esprit de la philosophie médiévale*, t. I, ch. I, p. 13, cf. ch. II, note 20, p. 223. L'histoire de la philosophie ne se confond donc pas avec celle de l'influence exercée par le christianisme sur la philosophie. Auguste Comte a subi l'influence du christianisme, et pourtant le positivisme n'est pas une philosophie chrétienne.

57. *Bulletin*, pp. 57-58.

générale : dans quelle mesure peut-on trouver une influence religieuse dans les origines des philosophies les plus rigoureusement rationnelles ?

« La philosophie dans son état chrétien » crée une autre perspective, il s'agit, cette fois, du chrétien qui veut être philosophe. Il ne s'agit plus de l'influence de la religion dans l'histoire des idées mais de la vie religieuse du chrétien qui veut être aussi philosophe. Le « philosophe chrétien, écrit Gilson, est un homme qui opère un choix parmi les problèmes philosophiques »[58]; il s'intéresse surtout à ceux dont la solution intéresse les vérités de sa foi : l'existence de Dieu, la nature de l'homme, ses rapports avec Dieu[59]. Si l'on veut voir ce que peut être la collaboration de la raison et de la révélation, que l'on songe à la faiblesse de l'entendement humain, dans sa condition présente, livré à ses seules forces ! « Sans la foi, ce qui semblerait aux uns évidemment démontré serait tenu comme douteux par les autres », « le spectacle de ces contradictions entre philosophes ne contribuant d'ailleurs pas peu à engendrer le scepticisme dans l'esprit de ceux qui considèrent ces questions du dehors. » Alors, « pour remédier à cette *debilitas rationis,* l'homme a besoin d'un secours divin, et c'est la foi qui le lui offre... c'est la foi qui, le prenant en quelque sorte par la main, le met sur la bonne route… »[60]

Ces lignes nous en rappellent d'autres qui sont de saint Thomas : « Que la science sacrée utilise les autres sciences, le motif n'en est point son défaut ou son insuffisance, mais la faiblesse de notre esprit *(defectum intellectus nostri)* qu'il faut mener comme par la main *(manu ducitur)* à partir des connaissances naturelles *(per naturalem rationem),* objet des autres sciences jusqu'aux choses surnaturelles *(quae sunt supra rationem)*, objet de celle-ci »[61].

Saint Thomas parle ici de la « théologie », nom qu'il donne un peu plus loin à « la doctrine sacrée »[62]. Étienne Gilson parle de « la philosophie chrétienne ». Où est la différence ?

58. *L'Esprit de la philosophie médiévale*, ch. II, p. 39.
59. *Ibidem*, p. 40.
60. *Ibidem*, p. 42.
61. *Somme théologique*, Quaestio I, article 5.
62. *Ibidem*, article 7.

V. «PHILOSOPHIE CHRÉTIENNE» ET «THÉOLOGIE»

Pour comprendre la pensée d'Étienne Gilson, il faut toujours commencer par voir ou revoir les situations concrètes dans lesquelles se posent les questions. «Parce que ce sont des concepts, la philosophie et la religion n'existent pas, il n'existe que des hommes religieux et philosophes». La réalité étant ce qu'elle est, «en aucun cas on ne pourra faire que la philosophie d'un chrétien ne soit purement rationnelle, sans quoi ce ne serait plus de la philosophie; mais dès lors que ce philosophe est *aussi* un chrétien, l'exercice de sa raison sera celui de la raison d'un chrétien.» Gilson précise : «c'est-à-dire non une raison d'une autre espèce que celle des philosophes non chrétiens, mais une raison qui travaille dans des conditions différentes». Continuant à explorer le monde où la raison trouve ses «conditions de travail», Gilson se demande d'ailleurs si on y trouverait cette abstraction que serait «le philosophe pur», «réalisation concrète d'un concept en qui la raison ne voisinerait avec aucun irrationnel». «Et surtout» – mots qui annoncent une importante déclaration – : «et surtout, dit-il, je me demande si la vie philosophique n'est pas précisément un effort constant pour amener les irrationnels qui sont en nous à l'état de rationalité.» Gilson reconnaît aussitôt la difficulté : «le difficile, pour nous, c'est de faire le départ entre l'irrationnel et le non encore rationnel». Il semble que Gilson écarte bien vite cette difficulté puisqu'il continue : «Et une fois que le choix est fait...» Mais, après tout, il appartient à chacun de procéder à l'inventaire critique de ses croyances. Ce qui est sûr, c'est que le chrétien, d'une part, sait qu'un tel choix n'a rien à voir avec son salut; mais, d'autre part, il peut savoir que toutes les vérités de sa foi ne sont pas nécessairement destinées à rester des vérités de foi.

«C'est là... le sens vrai du *credo sit intelligum* de saint Augustin et du *fides quaerens intellectum* de saint Anselme : un effort du chrétien pour tirer de sa foi en la révélation des connaissances de raison». Déclaration suivie d'un judicieux «et c'est pourquoi» : «Et c'est pourquoi ces deux formules sont la vraie définition de la philosophie chrétienne»[63].

63. *Bulletin de la société française de philosophie*, séance du 21 mars 1931, pp. 47-48.

Étienne Gilson a souvent exposé les idées de ce texte, mais on les trouve ici dans un morceau harmonieusement composé.

Si telle est la « philosophie chrétienne », où est la différence avec la théologie, du moins avec cette *doctrina sacra* dite *theologia* que saint Thomas définit dans la Première Question de la Première Partie de la *Somme théologique* ?[64]

Cette théologie est faite de vérités qui dépassent la raison, dont l'origine est une révélation, et qui, par suite, relèvent de la foi. Une première attitude, bien naturelle, est celle de saint Pierre Damien[65] : un chrétien n'a pas besoin de philosophie, laquelle serait même plutôt une source d'erreurs ; de là, note Gilson, son « hostilité foncière à l'égard de toute spéculation purement rationnelle »[66]. C'est dans ce contexte qu'apparaît la célèbre formule : la philosophie comme servante de la théologie, *ancilla theologiae.* Il faut comprendre : si l'on parlait des services que la philosophie pourrait rendre à la théologie, il faudrait penser à ceux d'une servante qui serait une esclave[67]. « Dans la célèbre formule de saint Pierre Damien, écrit encore Gilson, c'est donc l'idée d'esclavage qui l'emporte, et de beaucoup, sur celle d'utilisation »[68].

On pense pourtant exactement le contraire quand on lit « la célèbre formule » dans la *Somme.* Certes, la *sacra doctrina* est supérieure à toutes les autres sciences qui, de ce fait, ne peuvent être que ses servantes[69] ; mais Jacques Maritain ne trahit pas le passé de saint Thomas lorsqu'il dit « *ancilla et* non pas serva »[70]. Car la théologie use de la philosophie comme d'un *instrument* de vérité, soit dans l'exposition des vérités révélées, soit dans la réfutation des erreurs qui les contredisent[71]. On voit tout de suite la différence avec la « philosophie chrétienne ».

Nous sommes, ici, et nous ne cessons pas d'être en théologie. Si la philosophie intervient, c'est au service de la théologie, c'est « subal-

64. Question clairement posée par Gilson dans *L'Esprit de la philosophie médiévale*, ch. I, p. 5 sq.

65. Voir : Etienne GILSON, *La servante de la théologie*, in *Etudes de philosophie médiévale*, Strasbourg, 1921. Sur la même formule chez Saint Thomas, Etienne GILSON, *La signification historique du thomisme*, *ibidem*, p. 95 sq.

66. *Ibidem*, p. 31.

67. *Ibidem*, pp. 35-36.

68. *Ibidem*, p. 36.

69. *Somme théologique*, Ire Partie, Question I, article 5.

70. *Supra*, note 1, p. 69.

71. *Ibidem*, voir notamment l'article 8 : Utrum haec doctrina sit argumentatio.

ternée à la théologie»[72]. Dans le cas de la «philosophie chrétienne», l'expression même dit où nous sommes : nous étions en théologie et nous sommes maintenant entrés en philosophie. Le chrétien récitait à la messe le *credo :* «Je crois en Dieu». Devenu philosophe, sa raison démontre l'existence de Dieu : là où il y a évidence rationnelle il n'y a plus croyance; si la philosophie est l'œuvre de la seule raison, elle ne saurait s'accomoder d'aucune subordination au dogme ni à une foi religieuse[73].

Aucune confusion n'est donc possible entre la «philosophie chrétienne», qui est, selon Étienne Gilson, une philosophie authentique, c'est-à-dire purement rationnelle, et la théologie qui, selon saint Thomas, engage la philosophie comme servante.

Reste à savoir si, dans la «philosophie chrétienne», la relation du christianisme avec la philosophie ne serait pas tout simplement un fait d'influence. Mais justement ce serait trop simple. Par exemple, la métaphysique cartésienne a certes été conçue dans un milieu culturel d'origine judéo-chrétienne. Or, réfléchissons sur ce Dieu «chez qui l'idée de création s'étend jusqu'aux vérités éternelles»: l'influence du christianisme dans la philosophie paraît indiscutable[74]; et pourtant, personne ne songe à faire du cartésianisme une «philosophie chrétienne». Pourquoi?

Ce n'est pas pour des raisons d'opportunité qu'Étienne Gilson commence sa définition des philosophies chrétienne en disant : «1°» (et ce «1°» est significatif), «ce seront des philosophies qui considèrent la révélation judéo-chrétienne comme un auxiliaire moralement nécessaire pour la raison. Elles pourront, grâce à ce guide, éliminer les erreurs, ajouter des vérités nouvelles aux anciennes, compléter ces vérités anciennes, on simplement les conserver.» Ce texte est le début de la définition ou plutôt de la description de la notion de «philosophie chrétienne» que Gilson donne dans la conclusion de sa communication de 1931 à la Société française de philosophie[75].

On comprend alors la définition donnée dans la deuxième leçon des *Gifford Lectures*, publiée dans *L'Esprit de la philosophie médiévale :* «J'appelle philosophie chrétienne *toute philosophie qui, bien que*

72. *L'Esprit de la philosophie médiévale*, ch. I, pp. 4, 6.

73. *Supra*, pp. 1, 37, 41.

74. Sur l'idée de création chez Descartes, *supra*, note 1 : voir la discussion entre Gilson et Bréhier p. 56 et p. 58; entre Gilson et Brunschvicg, p. 80.

75. *Supra*, note 1, p. 48.

distinguant formellement les deux ordres, considère la révélation chrétienne comme un auxiliaire indispensable de la raison»[76].

Dans *Christianisme et philosophie,* en 1936, Étienne Gilson reprend cette dernière définition avec référence explicite à *L'Esprit de la philosophie médiévale*[77].

Ainsi cette philosophie est chrétienne sans cesser d'être une philosophie, parce qu'elle inclut une certaine conscience de ses sources non philosophiques. Si réelle que puisse être l'influence de la culture judéo-chrétienne dans la pensée de Descartes, à aucun moment celui-ci ne reconnaît dans sa philosophie une certaine rationalisation des données de la conscience chrétienne[78]. Bien différente à cet égard est l'attitude de Malebranche, qui sait ce que tout chrétien doit savoir : causer, c'est créer ; créer est l'opération propre à Dieu ; alors, guidé par la foi, le philosophe construit l'édifice purement rationnel qu'est l'occasionalisme[79]. La vision judéo-chrétienne du monde n'est pas une sorte de décor devant lequel se déroule le jeu des idées mais qui pourrait disparaître sans gros changements dans ce jeu. Au contraire : la présence permanente du *Credo* dans la conscience du chrétien qui veut devenir philosophe, cette présence permanente est nécessairement requise, puisque là est la source non philosophique de la philosophie. On ne saurait trop insister sur cette indispensable condition de la «philosophie chrétienne».

VI. LES ÉDITIONS DU *THOMISME*

Que s'est-il passé ? Voici, en effet, ce que nous trouvons dans la «cinquième édition revue et augmentée» du *Thomisme*, en 1944[80]. L'ouvrage conserve son sous-titre : *Introduction à la philosophie de saint Thomas d'Aquin.* Tout naturellement, comme dans la troisième

76. *L'Esprit de la philosophie médiévale*, ch. II, t. I, p. 39, mots soulignés dans le texte. On aura une idée de la difficulté en lisant les deux lettres philosophiques envoyées à Maritain le 28 novembre 1963 et le 18 décembre.

77. *Christianisme et philosophie*, p. 138 et longue note 2.

78. Sur Descartes et la «philosophie chrétienne», voir *L'Esprit de la philosophie médiévale*, pp. 13-15.

79. Sur Malebranche et la «philosophie chrétienne», *Ibidem*, pp. 15-17.

80. *Le Thomisme, introduction à la philosophie de saint-Thomas d'Aquin*, Paris, Vrin, 1944, 552 p. in 8°. La 3e édition, 1927, avait 322 p.

édition que nous connaissons[81], Gilson doit dire ce qu'il faut entendre par l'expression «philosophie de saint Thomas», ce dernier n'ayant jamais parlé de philosophie qu'à l'occasion de sa théologie. Ici, Gilson reproduit le texte de 1927 jusqu'au moment où il croit pouvoir mettre sous «philosophie de saint Thomas» l'étiquette «philosophie chrétienne»[82]. Mais, loin de continuer en justifiant l'emploi de cette étiquette, Gilson déclare :

«L'expression n'étant pas de saint Thomas lui-même, et ayant d'ailleurs provoqué d'interminables controverses, il est préférable de ne pas l'introduire dans un exposé purement historique du thomisme.» Une note rappelle l'emploi de l'expression dans la biographie de saint Thomas par le P. Touron en 1737, et dans le titre de l'Encyclique *Aeterni Patris,* du 4 août 1879, sans même rappeler le nom de Léon XIII. Une autre note écarte tout malentendu : Gilson évitera l'expression «philosophie chrétienne» : simple question d'opportunité puisque, dit-il, «sa légitimité ne nous semble pourtant pas moindre qu'à l'époque où nous en avons usé; mais l'histoire peut s'en passer, pourvu que l'on conserve intacte la réalité que cette formule désigne. Nous nous sommes expliqués nous-mêmes sur le sens de l'expression dans *Christianisme et philosophie,* Paris, Vrin, 1936»[83]. Si Étienne Gilson renvoie à cet ouvrage, c'est, je suppose, parce que, là, il s'est laissé entraîner dans «les interminables controverses» par divers collaborateurs du recueil *La philosophie chrétienne* paru trois ans plus tôt[84].

La décision prise par Gilson dans la 5e édition de son *Thomisme*, en 1944, semble définitive, puisque dans la 6e «édition revue» qui paraît en 1965 il conserve la page annonçant cette décision[85]. En principe, il ne mêlera donc plus ses vues sur «la philosophie chrétienne» à ses exposés d'historien de la philosophie. Cette décision ne lui interdit pas d'en parler ailleurs. Dans cette même 6e édition du *Thomisme,* la préface du 9 janvier 1964 renvoie en effet à deux livres écrits sur «la

81. *Supra.*

82. *Le Thomisme*, 5e édition, p. 14 – 3e édition, p. 40.

83. *Ibidem*, 3e édition, p. 14, notes 2 et 3. Gilson aurait pu signaler que dans cette 5e édition il publie dans un appendice les Préfaces des diverses éditions et par conséquent celle de la 3e où il est longuement question de la «philosophie chrétienne».

84. *La philosophie chrétienne*, éditions du Cerf, Juvisy, 1933.

85. *Le thomisme*, 6e édition revue, Paris, Vrin, 1965, p. 14 et notes 19 et 20.

philosophie chrétienne »[86] dont il conviendra de souligner l'importance dans l'histoire de la notion : *Elements of Christian philosophy* et *Introduction à la philosophie chrétienne* [87].

En 1952, Étienne Gilson publie son gros *Jean Duns Scot, Introduction à sa position fondamentale*[88]. Il ne profite pas de pages sur la philosophie et la théologie pour glisser une définition de « la philosophie chrétienne » ; s'il commente l'Encyclique *Aeternae Patris*, c'est pour avoir l'occasion de faire remarquer que si Léon XIII ne recommande pas l'enseignement de Duns Scot il ne l'exclut pas[89].

Lorsqu'il publie son *History of Christian Philosophy in the Middle Ages*[90], Étienne Gilson commence par déclarer : « Nous appelons philosophie chrétienne l'usage que font de notions philosophiques les écrivains chrétiens », cela dans le temps qui va de Justin[91] à Nicolas de Cues. En somme, il s'agit d'une histoire de l'influence des philosophies grecques sur la pensée chrétienne qui, d'ailleurs, s'expriment le plus souvent dans des théologies. Cette interprétation de « philosophie chrétienne » et « philosophes chrétiens » est confirmée par l'emploi de ces expressions dans la conclusion sous le titre : *Greek philosophy and Christianity*[92]. Comme il l'avait décidé dans la 5e édition du *Thomisme*, il évite l'expression « philosophie chrétienne » quand il expose celle du théologien Thomas d'Aquin, puisque celui-ci ne l'a pas employée. Prise en ce sens, tout le monde comprend donc l'expression qui se trouve du même coup soustraite aux interminables polémiques. C'est sans doute pourquoi, comme il l'avait décidé dans la 5e édition du *Thomisme*, Gilson fait comme saint Thomas, qui exprime parfaitement sa pensée sur « théologie et philosophie » sans parler de « philosophie chrétienne »[93].

Cela dit, Gilson se réserve parfaitement la possibilité de reprendre la formule « philosophie chrétienne » avec son sens proprement « gilsonien ». Bien significative à cet égard est l'édition du choix des textes : *A Gilson reader, Selections from the writings of Étienne*

86. *Ibidem*, p. 8. Sur ces deux ouvrages, *infra*.
87. *Ibidem*.
88. Paris, Vrin, 1952, 700 p. in 8°, p. 13 sq ; p. 642 sq.
89. *Ibidem*, p. 660.
90. New York, Random House, 1955, imprimatur le 29 septembre 1954 ; XVII – 830 p.
91. *Ibidem*, Foreword.
92. *Ibidem*, p. 540.
93. *Ibidem*, pp. 366-368. Voir *Supra*.

Gilson, édition avec une introduction par Anton C. Pegis, en 1957[94]. Un tel choix est évidemment opéré en collaboration avec l'auteur des textes. Or une « section » – une cinquantaine de pages – réunit quatre textes sous le titre *The Disciple of Christian Philosophy.* Le premier, *Greek philosophy and christianity,* est la conclusion que nous venons de citer *d'History of Christian philosophy.* Le troisième, *God and christian philosophy,* est tiré de l'ouvrage qui porte à peu près le même titre *God and philosophy.* Le quatrième, *Science, philosophy and religious wisdom,* vient d'une conférence à « The American catholic philosophical association ». Quant au second, nous lisons : *What is Christian Philosophy, previously unpublished.*

Ainsi, en 1957, lorsqu'Étienne Gilson accepte la publication d'un recueil des textes qu'il juge vraiment essentiels pour connaître sa pensée, il tient à réserver une place importante à la notion de « philosophie chrétienne », thème majeur de son œuvre. Ce qui suppose, ou mieux, ce qui exige une définition : *What is Christian Philosophy?* Mais cette question est la seconde de la série : c'est donc qu'elle ne se trouvait pas dans la première, en dépit de son titre : *Greek Philosophy and Christianity.* De fait, dans ces pages tirées de *History of Christian Philosophy,* si nos analyses sont exactes, il s'agit de l'histoire d'une influence de la philosophie grecque sur la pensée chrétienne. Mais il y a un autre sens, proprement *gilsonien* celui-là, de la « philosophie chrétienne », celui que nous trouvons dans *L'Esprit de la philosophie médiévale*; « la philosophie chrétienne » est alors celle d'un philosophe dont la pensée est aussi rigoureusement rationnelle que celle d'un mathématicien ou d'un physicien, tout en étant conscient d'avoir été mis ou même d'être mis sur la bonne voie par sa foi.

Or Étienne Gilson, semble-t-il, ne trouve pas dans ses œuvres déjà publiées le texte qui lui conviendrait. Il décide donc de l'écrire.

Qu'est-ce qui caractérise la réponse que Gilson propose, en 1957, à la question : *What is Christian Philosophy?*

Si la philosophie est l'amour de la sagesse, le chrétien n'a pas à chercher très loin sa réponse : j'ai une philosophie, en vérité, son nom est christianisme; ce qui peut sembler une façon d'éliminer toute philosophie, laquelle est œuvre de la seule raison. Mais il faut s'entendre. Il y a en effet dans la révélation chrétienne des vues sur le

94. Image Books, Garden City, New York, 358 p., in 12°. L'imprimatur est de mai 1957 ; l'ouvrage est publié en septembre 1957.

monde, sur l'homme et sa destinée, qui donnent pleine satisfaction à la raison, de sorte que l'expression « chrétienne philosophie » en est pleinement justifiée[95].

Ce qui nous frappe, c'est à la fois l'extrême précision et la brièveté de cet exposé : tout est dit en deux pages et demie. Ensuite commence une longue étude sur la philosophie de saint Thomas.

What is Christian Philosophy ? C'est, répond Gilson, la philosophie définie par saint Thomas d'Aquin.

En dépit de sa date, cette philosophie chrétienne peut être prise comme un modèle, ce qui veut dire que le thomisme peut être aujourd'hui encore une philosophie vivante.

La réponse à *What is Christian Philosophy ?* n'a donc pas seulement un intérêt historique : elle coïncide avec la recherche de la vraie philosophie.

Toutes ces réflexions appellent une référence bibliographique : « la lettre encyclique *Aeterni Patris* publiée en août 1879 par le Pape Léon XIII « *On the Restauration of Christian Philosophy in Schools* ».

De là, la véritable conclusion de cet écrit de Gilson en 1957 : « A la question : *What is Christian Philosophy ?* la réponse la plus courte maintenant est : si vous lisez la lettre encyclique *Aeterni Patris,* vous trouverez alors la réponse le plus hautement autorisée – *the most highly authorized answer* – à votre question ». Réduite à l'essentiel la réponse est ce qui suit.

Étienne Gilson rappelle la fonction doctrinale du Pape dans l'Eglise, qui lui confère l'autorité requise pour recommander l'étude et l'enseignement de la théologie et de la philosophie selon saint Thomas d'abord, et ensuite pour reconnaître dans le thomisme « la philosophie chrétienne » proprement dite.

Si, dans le texte spécialement écrit par Gilson en 1957 pour ses morceaux choisis, la réponse à : *What is Christian Philosophy ?* est une invitation à lire l'Encyclique *Aeterni Patris,* s'agit-il vraiment d'une conclusion ? N'est-elle pas plutôt l'idée directrice qui téléguide l'exposé de la philosophie de saint Thomas prise comme exemple privilégié de « la philosophie chrétienne » ?

95. *Ibidem*, p. 179.

Revenons à ce que fut pour Gilson la « découverte » de l'Encyclique *Aeterni Patris* telle qu'il la rapporte dans *Christianisme et philosophie*[96]. Une hypothèse est alors possible.

En 1957, lorsqu'Anton C. Pegis, publie, en accord avec lui, des morceaux choisis de son œuvre, Gilson n'a pas trouvé dans son œuvre le texte qui conviendrait à l'élucidation de la « philosophie chrétienne ». Une longue explication comme celles des deux premiers chapitres de *L'Esprit de la philosophie médiévale* se ferait difficilement comprendre et provoquerait d'« interminables » polémiques, allant jusqu'à soupçonner le thomisme de compromettre son christianisme par son aristotélisme. Mais si la réponse à *What is Christian Philosophy?* est donnée par le Pape lui-même, elle dispense du même coup de longs commentaires, et surtout elle ne peut pas ne pas s'imposer avec le prestige de l'autorité pontificale. De là l'idée d'une définition de la « philosophie chrétienne » dont la pièce principale serait l'Encyclique de Léon XIII, idée entrevue dans *Christianisme et philosophie*, et parfaitement mise au point dans *A Gilson reader* de 1957.

La suite dira s'il y a là plus qu'une hypothèse.

VII. L'ENCYCLIQUE *AETERNI PATRIS*

La préface à la « sixième édition revue » du *Thomisme,* signée du 9 janvier 1964, est une nouvelle pièce importante dans l'histoire de la notion de « philosophie chrétienne »[97]. Ici, c'est le professeur qui parle à ses étudiants de l'Institut Pontifical d'Etudes médiévales de Toronto. Ses leçons sur « la philosophie de saint Thomas » sont bien un cours d'histoire de la philosophie médiévale, mais il est permis d'unir à l'exposé de la vérité historique la recherche de la vérité philosophique. « J'ai pensé, écrit Gilson, que le thomisme était pour eux (ces étudiants) une philosophie vivante au moins autant qu'un fait historique ». De là un effort pour exposer les « éléments philosophiques du thomisme » qui, dans les textes de saint Thomas, sont toujours donnés à l'intérieur de sa théologie.

96. *Christianisme et philosophie*, p. 129 sq. et *supra*.

97. *Le Thomisme, Introduction à la philosophie de Saint Thomas d'Aquin*, 6e édition revue, Paris, Vrin, 1963. p. 8 ; préface signée : 9 janvier 1964.

Gilson publie alors les *Elements of Christian Philosophy* en 1960[98]. Les premières lignes déclarent : « Les mots *Philosophie chrétienne* n'appartiennent pas à la langue de saint Thomas d'Aquin, mais ils sont le nom sous lequel, dans sa Lettre encyclique *Aeterni Patris,* le Pape Léon XIII désignait la doctrine du Docteur Commun de l'Eglise en 1879 ». Avec cet ouvrage Étienne Gilson mettait à la disposition des étudiants et des chercheurs un manuel de philosophie thomiste devenu par son titre manuel de philosophie chrétienne.

En cette même année 1960 paraît à Paris, chez Vrin, son *Introduction à la philosophie chrétienne*[99]. Ce livre, explique Gilson, est une autre « tentative pour mettre sous les yeux d'un public français possible les notions propres au thomisme qui me semblent particulièrement précieuses pour leur fécondité philosophique, théologique et même religieuse ».

Toujours dans l'année 1960, un troisième écrit doit être ajouté aux deux que présentera la préface à la 6e édition du *Thomisme : Le philosophe et la théologie,* tout particulièrement le chapitre IX : *La philosophie chrétienne* et le chapitre XI : *L'avenir de la philosophie chrétienne*[100]. Il est tout à fait normal de ne pas le trouver avec les deux autres : les *Elements of Christian Philosophy* et l'*Introduction à la philosophie chrétienne*, qui peuvent être considérés comme des appendices au *Thomisme*. Il y a là trois ouvrages complémentaires. *Le Philosophe et la théologie* est une espèce d'autobiographie intellectuelle et spirituelle, livre unique dans l'œuvre d'Étienne Gilson.

Quand Gilson parle de « philosophie chrétienne », il sait parfaitement que ces mots doivent cesser d'être une expression banale que tout le monde croit comprendre, et qu'il faut trouver leur compréhension dans une définition. Quand nous ouvrons un livre dont le titre inclut l'expression « philosophie chrétienne », notre pensée part donc immédiatement à la recherche de cette définition. Or nous la trouvons sans aller très loin, puisqu'elle occupe la première phrase de l'ouvrage :

> Par philosophie chrétienne, on entendra la manière de philosopher que le Pape Léon XIII a décrite sous ce titre dans l'encyclique

98. New-York, 1960. *Nihil obstat*, 14 novembre 1959, 358 p., in 8°. Edition sous forme de livre de poche en 1963.

99. *Introduction à la philosophie chrétienne*, Paris, Vrin 1960, 227 p.

100. *Le philosophe et la théologie*, Paris, Librairie Arthème Fayard, 1960 (achevé d'imprimer le 14 mars 1960), 261 p.

Aeterni Patris et dont il a donné pour modèle la doctrine de saint Thomas d'Aquin[101].

Prenons le chapitre sur *La philosophie chrétienne* dans *Le philosophe et la théologie*. Dès la première page nous lisons : « Dans la liste des actes principaux de son règne que le Pape Léon XIII a dressée à l'occasion du vingt-cinquième anniversaire de son pontificat, il a placé en première ligne l'encyclique *Aeterni Patris,* donnée à Rome le 4 août 1879. Ce document porte traditionnellement le titre suivant, qui est un programme : « Du rétablissement dans les écoles catholiques de la philosophie chrétienne selon l'esprit du docteur angélique saint Thomas d'Aquin »[102].

Quand Gilson a « découvert » l'Encyclique *Aeterni Patris,* les confidences de *Christianisme et philosophie* le disent, il est en train de préparer les *Gifford Lectures.* Cette « découverte » coïncide et coïncidera désormais avec une évidence : « je me suis aperçu que ce que j'étais en train de prouver en deux volumes, vingt leçons et je ne sais combien de notes, était *exactement* ce que cette Encyclique aurait suffi à m'enseigner... ». Je souligne *exactement,* car cela explique l'aveu qui suit : « Je fus, je l'avoue, plutôt humilié par cette aventure »[103]. En attendant, Gilson ajoute deux notes au premier tome des *Gifford Lectures* devenues *L'esprit de la philosophie médiévale.*

La première n'est qu'une référence : Gilson a rappelé que « saint Paul affirmait implicitement la possibilité d'une connaissance purement rationnelle de « Dieu chez les Grecs... ». Une note dit simplement : « La même idée se trouve dans *Le livre de la Sagesse,* XIII, 1, et sera citée par Léon XIII dans l'Encyclique *Aeterni Patris* »[104] .

La seconde est beaucoup plus importante. Elle n'est pas rattachée au texte de Gilson. Elle appartient aux *Notes bibliographiques pour servir à l'histoire de la notion de philosophie chrétienne.* C'est une longue note (presqu'une page imprimée en caractères de notes) sur l'enseignement de la philosophie et ses rapports avec la théologie[105].

Il ne semble pas qu'après la publication du volume contenant cette importante note Gilson ait eu souvent l'occasion de faire intervenir

101. *Introduction à la philosophie chrétienne*, p. 9.
102. *Le philosophe et la théologie*, pp. 191-192.
103. *Christianisme et philosophie*, p. 129.
104. *L'esprit de la philosophie médiévale*, tome 1, ch. 2, p. 27 et note 6, p. 221.
105. *Ibidem*, pp. 311-312.

l'Encyclique *Aeterni Patris,* on l'a vu en consultant ses principaux ouvrages jusqu'à l'année des textes écrits sur « la philosophie chrétienne », 1960[106]. Plus exactement, la « découverte » de l'Encyclique a coïncidé avec les réflexions de Gilson sur sa définition de « la philosophie chrétienne », et, c'est tout naturellement qu'elle a donc été écartée des exposés historiques sur le thomisme en même temps que la notion.

Toutefois, nous avons remarqué un texte à verser dans le dossier de la notion de « philosophie chrétienne » : celui qui avait été écrit en 1957 pour *A Gilson Reader* et qui prend toute sa signification quand on sait ce qui est arrivé trois ans plus tard[107].

Anton C. Pegis propose à Gilson de publier un recueil de morceaux choisis. Gilson entend y faire une large place à sa notion de « philosophie chrétienne ». Il ne s'agit pas cependant de la mêler à un exposé historique du thomisme. Mais Gilson ne trouve pas dans ses précédents ouvrages le morceau à détacher. Il va donc écrire spécialement pour le recueil la réponse à la question : *What is Christian Philosophy?* Et voici que Gilson commence par répondre à ceux qui l'interrogent : lisez l'Encyclique *Aeterni Patris*[108]. Comment ne pas faire le rapprochement avec les réponses faites à la même question dans la trilogie de 1960 ?

Sous réserve de la découverte toujours possible d'autres textes sur « la philosophie chrétienne », celui de *A Gilson Reader* marquerait le moment où cette notion trouve dans l'Encyclique *Aeterni Patris* à la fois les opérations qui la définissent comme *philosophie* et l'exceptionnelle autorité qui garantit sa valeur *chrétienne*.

Même incomplet – et comment ne le serait-il pas ? – le dossier de la notion de « philosophie chrétienne » ne paraît plus présenter aucun changement, aucune évolution. Les thèmes majeurs sont toujours présents plus ou moins explicites : l'idée d'un dossier commun à la révélation et à la philosophie, l'idée d'une rationalité virtuelle que la raison peut exprimer, l'idée d'une intelligence consciente de ce qu'elle doit à la foi qui la guide, l'idée que « la philosophie chrétienne » qui peut et même doit servir de modèle est le thomisme, l'idée que tout cela

106. *Supra.*
107. *Supra.*
108. *A Gilson Reader, Selections from the writings of Etienne Gilson*, edited with an Introduction by Anton C. Pegis, collection Image Books, 1957, pp. 186-188 et notes.

est déjà dit et fort bien dit dans l'Encyclique *Aeterni Patris*... Mais, selon les circonstances, tel ou tel thème passe au premier plan. Ce qui me paraît nouveau dans le texte de *A Gilson Reader*, et encore plus dans les trois livres de 1960, c'est à la fois le rôle de l'Encyclique et le ton de l'homme qui parle, personnellement engagé dans une grande ouverture de l'esprit.

Ici encore intervient un texte décisif. Étienne Gilson est le *General Editor* d'une *History of Philosophy* en quatre gros volumes[109]. Il se charge d'écrire lui-même certains chapitres, notamment ceux qui concernent la philosophie française et italienne dans le quatrième tome : *Recent Philosophy, Hegel to the Present*. Or, ce que l'on n'a pas souvent vu dans les Histoires de la philosophie, Gilson consacre à Léon XIII près de sept grandes pages et une colonne de notes[110]. Comment débute cet article ? « Le Pape Léon XIII occupe une place centrale dans l'histoire de la philosophie chrétienne à la fin du XIXe siècle et au début du XXe. En le lisant, sur ce sujet, cependant, on doit conserver dans l'esprit que, parlant comme pape il n'exprimait pas des idées personnelles. Au contraire, parlant comme pape, il pouvait seulement avoir l'intention d'exprimer la pensée de l'Eglise Catholique. Et c'est ce qui confère à son témoignage une importance unique ».

Même pour le non-chrétien, fût-il agnostique, les encycliques du pape ont donc un intérêt historique. « Il va sans dire que pour le catholique qui est aussi philosophe, cette importance est beaucoup plus que purement historique. Les encycliques pontificales relèvent d'une fonction enseignante qui appartient à la papauté. Ce que Gilson montre aussitôt en prenant comme exemple l'Encyclique *Aeterni Patris*.

En constatant que dans l'article de 1957 de *A Gilson Reader* et les trois livres de 1960 auxquels on ajoutera le chapitre sur Léon XIII en 1966, Gilson pense la « philosophie chrétienne » à l'intérieur de l'Encyclique *Aeterni Patris*, il devient difficile de séparer dans la conscience du chrétien philosophe la certitude imposée par la raison rationalisante et la certitude fondée sur l'autorité d'une parole divinement inspirée. Étienne Gilson écrit donc très logiquement ces lignes importantes pour « la philosophie chrétienne » : « La compé-

109. *Supra*.

110. Gilson écrira un jour : « Léon XIII prend place dans l'histoire de l'Eglise comme le plus grand philosophe chrétien du XIXe siècle, l'un des premiers de tous les temps. » *Le philosophe et la théologie*, pp. 235, 338, 345.

tence du Saint-Siège en matière de philosophie est liée à sa mission apostolique». Il cite alors Matthieu XXVIII; «En disant à ses apôtres d'aller enseigner toutes les nations, Jésus-Christ a laissé après sa mort l'Eglise, qu'il avait fondée, *maîtresse commune et suprême des peuples*». Gilson, toujours logiquement, va jusqu'à écrire : «De quelque manière qu'on la conçoive, *la philosophie chrétienne* sera donc liée à l'autorité enseignante de l'Eglise». Et même «elle le sera même au premier chef, car la philosophie a été souvent une source d'erreurs»[111].

A la page suivante, sans craindre les répétitions, Gilson poursuit encore : «Quelque idée que l'on doive se faire de *la philosophie chrétienne,* il est certain dès le début qu'elle définira un usage apostolique de la philosophie, conçue comme auxiliaire de l'œuvre du salut de l'humanité»[112]. En bref, «la philosophie chrétienne» est «un usage religieux de la raison», c'est-à-dire qu'«elle accepte le contrôle de la théologie», sans «prétendre audacieusement se soustraire à l'autorité divine» car «c'est cette autorité qui la garantit le plus sûrement de l'erreur et l'enrichit de connaissances multiples»[113].

Gilson peut-il vraiment nous empêcher de penser à la théologie?

VIII. LE CHRÉTIEN ÉTIENNE GILSON

Dans ce dossier sur «la philosophie chrétienne» selon Étienne Gilson, ce qui ne change pas, c'est Gilson. Il y a des différences de points de vue, mais Gilson ne cesse pas d'avoir une vue sur quelque chose de réel.

Qui songerait, aujourd'hui, à parler de physique chrétienne, de biologie chrétienne? La physique, la biologie sont des sciences et la science est radicalement indépendante de la religion dans sa conclusion, ses méthodes, ses principes. C'est un fait[114].

Pourquoi ne pas dire : de même pour la philosophie? Au temps d'Aristote eut-on fait la différence?

«C'est un fait qu'entre les philosophes grecs et nous, il y a eu la révélation chrétienne...» : la raison n'est plus la même avant et après.

111. *Le philosophe et la théologie*, p. 202.
112. *Ibidem*, p. 203.
113. *Ibidem*, pp. 204-208.
114. *L'esprit de la philosophie médiévale*, t. I, ch. 1, p. 3-4 et *supra*.

Et alors, « comment ceux qui ont la révélation pourraient-ils philosopher comme s'ils ne l'avaient pas ? »[115].

Voici un chrétien qui a été baptisé et élevé chrétiennement : s'il est vraiment catholique, il ne peut pas ne pas considérer comme exprimant la pensée de l'Eglise le pape parlant sur un sujet comme l'enseignement de la philosophie[116].

Ce chrétien qui veut être philosophe a un nom : c'est Étienne Gilson. Il a reçu le sacrement du baptême : « C'est, écrit-il, ce qui me rend si difficile de comprendre qu'un chrétien puisse se flatter de jamais philosopher comme s'il n'était pas chrétien »[117]. Elevé dans une famille chrétienne, il a reçu l'enseignement du catéchisme qui, si élémentaire soit-il, n'est nullement méprisable[118]. « *Le Symbole des Apôtres et le Catéchisme* du diocèse de Paris ont occupé dès mon enfance toutes les positions-clés qui dominent la connaissance du monde ». Et il ajoute : « Je crois encore ce que je croyais alors, et sans se confondre aucunement avec ma foi, qui se refuse à tout mélange, ma philosophie d'aujourd'hui tient tout entière à l'intérieur de ce que je crois »[119].

Pareils propos ne postuleraient-ils pas à la limite une relative indifférence aux choix que le philosophe chrétien pourrait faire de telle ou telle philosophie ?

Avec son souci de rester en contact avec la réalité, réalité qui est ici la pensée quotidiennement vécue d'Étienne Gilson, celui-ci écrit une phrase à longue portée dans l'*Introduction à la philosophie chrétienne*. Il s'agit des preuves de l'existence de Dieu et, tout particulièrement, de celles qui ont été établies par un philosophe païen comme Aristote. Oui, déclare Gilson, « il est vrai que, si le Dieu de la révélation existe, il est le premier moteur, le premier efficient, le premier nécessaire et tout ce que la raison peut établir touchent la cause première de l'univers, mais si *Yahvé est le Premier Moteur, le Premier Moteur n'est pas Yahvé* ». Soulignons ces mots : la raison guidée par Aristote démontre l'existence du Premier Moteur, mais, continue Gilson, « le

115. *Ibidem*, p. 50, *supra*.
116. *Christianisme et philosophie*, p. 130-131, voir l'étonnement de Gilson devant l'attitude des théologiens catholiques en face de l'Encyclique.
117. *Le philosophe et la théologie*, p. 14.
118. *Ibidem*, p. 15.
119. *Ibidem*, pp. 16-17.

Premier Moteur ne m'a jamais parlé par ses Prophètes et je n'attends pas de lui mon salut»[120].

Autrement dit, nous savons que pour Gilson les démonstrations aristotéliciennes de l'existence de Dieu sont valables puisque le thomisme les a reprises. Mais si un autre philosophe les critique et, par exemple, leur préfère la preuve dite ontologique depuis Kant, c'est bien son droit. Dans la «philosophie chrétienne» selon Gilson, l'essentiel est la fidélité à Yahvé.

Gilson va jusqu'à écrire sur les preuves de l'existence de Dieu : «je n'ai jamais pu me passionner pour la question. Pourquoi ? je me sens si certain qu'une réalité transcendante au monde et à moi-même répond au mot Dieu, que la perspective de chercher des preuves de ce dont je suis si sûr me semble dénuée d'intérêt»[121].

Ainsi, dans la philosophie chrétienne vécue par Étienne Gilson, la certitude fondamentale est une donnée de la foi antérieure et supérieure à toute démonstration. Sans doute, puisqu'il s'agit de «philosophie», la raison joue un rôle important au service de la foi; mais, du moins dans la dernière partie de sa vie, Étienne Gilson ne tient pas à entrer personnellement dans ce qu'André Gide appelait «la route des preuves de l'existence de Dieu»[122]. Il se déclare plutôt «curieux» des raisons invoquées en faveur de l'athéisme. Pour moi, déclare-t-il, «c'est la non existence de Dieu qui fait question»[123].

Comment ne pas penser, ici, à ceux qui prétendent ne pas avoir besoin de philosophie puisqu'ils sont chrétiens ? Mais n'est-ce pas une attitude que Gilson a écartée quand il a ouvert son dossier sur «la philosophie chrétienne»[124] ? Avant de parler de contradiction, essayons plutôt, une fois encore, de voir quelles réalités sont sous ses yeux quand il rencontre ces questions, ce qui, justement, lui arrive dans l'opuscule écrit en 1967 sur la démonstration de l'existence de Dieu, *Plaidoyer pour la servante*[125].

Cette servante, nous la connaissons bien, c'est celle que saint Thomas a rencontrée dans les *Proverbes*, 9.3, où l'on entend la Sagesse

120. *Introduction à la philosophie chrétienne*, p. 22.

121. *L'athéisme difficile*, Paris, Vrin, 1979, p. 11.

122. André GIDE, *Les nourritures terrestres*, cité par Etienne Gilson, *ibidem*, p. 80.

123. *Ibidem*. p. 12.

124. *L'esprit de la philosophie médiévale*, t. I, ch. I, pp. 4-5 et *supra*.

125. *Plaidoyer pour la servante*, publié à la suite de *L'athéisme difficile*, Paris, Vrin, 1979.

donner des ordres à ses «servantes»[126], image qui va représenter symboliquement les rapports des sciences avec la théologie, la métaphysique étant «la plus noble des servantes»[127]. Gilson se trouve alors devant deux faits.

Le Pape Paul VI a publié l'Encyclique *eclesiam suam*; un athéisme scientiste et surtout marxiste l'inquiète : «N'y aurait-il personne parmi nous» pour trouver «une affirmation nouvelle du Dieu suprême au niveau de la métaphysique et de la logique»? Alors Gilson se tourne vers la servante... Depuis les *Proverbes,* c'est-à-dire depuis deux mille ans, elles sont excusables de se demander ce qui ne va pas. Ont-elles échoué jusqu'ici à trouver des démonstrations concluantes de l'existence de Dieu?» Impitoyablement, Gilson continue : «Si tel est le cas, quel espoir leur reste-t-il de convaincre nos contemporains...»[128]? Inutile d'insister : aucune philosophie n'a obtenu ce consentement universel qui serait le signe indiscutable de sa vérité; Descartes, Malebranche, Leibniz «ont tenté de faire de l'existence de Dieu une conclusion mathématiquement démontrée»; mais Gilson réplique : «Si nous avions une démonstration mathématique de l'existence de Dieu, nous n'en chercherions pas d'autre»[129].

Mais avant de plaider coupable, l'avocat de la servante a autre chose à dire. Si c'est un fait que l'histoire de la philosophie est celle d'une œuvre toujours à recommencer, c'est aussi un fait qu'il se trouve toujours de grands esprits pour recommencer. On ne trahirait pas la pensée de Gilson en évoquant ici la course au flambeau où il y a toujours quelqu'un pour ramasser la torche et rallumer la flamme.

Tout s'explique si l'on regarde bien la réalité : «visiblement» écrit Gilson... «visiblement, la notion de Dieu est antérieure aux preuves de son existence; elle était déjà là tout le temps, pendant que philosophes et théologiens s'évertuaient à prouver son existence à l'aide de leurs démonstrations»[130]. Et encore : «la certitude de l'existence de Dieu est dans une large mesure indépendante des démonstrations philosophiques qu'on en donne»[131]. Mais, demandera-t-

126. *Somme théologique,* 1e partie, Question I, article 5.
127. *Plaidoyer*, p. 95.
128. *Ibidem,* p. 76.
129. *Ibidem, p.* 85.
130. *Ibidem*, p. 80.
131. *Ibidem*, p. 81. Ici, Gilson parle d'une «hypothèse» mais il faut entendre une hypothèse de travail que les faits vérifient.

on, comment cette « notion », comment cette « certitude » sont-elles présentes quand la servante n'est pas là ? Il y a deux cas. Dans celui du chrétien, elles sont évidemment présentes dans la foi ; situation longuement décrite par Gilson quand il écrit l'histoire de son esprit dans *Le philosophe et la théologie*. Dans le plaidoyer pour la servante, il ajoute le cas du non-chrétien. « La seule voie vers Dieu, écrit-il, hors la foi dans une révélation surnaturelle, part du fait que l'homme est un animal religieux. Sa raison produit naturellement la notion de la divinité »[132]. Il y aurait ainsi une espèce de religion naturelle, ce qui permettrait à la servante de communiquer avec des non-chrétiens. Bien entendu, semble-t-il, si la raison produit *naturellement* la notion de la divinité, une telle possibilité appartient, logiquement, à tout être doué de raison.

Logiquement, oui, mais la réalité ? La réalité ici est la servante qui parle à des sourds. « Est-il juste de vouloir que la servante convainque de la validité de certaines conclusions métaphysiques des esprits qui ne sont pas doués pour ce genre de spéculation ? »[133]. « Est-il juste de demander à la servante de démontrer l'existence de Dieu à des esprits... étrangers à la pensée métaphysique ? »[134] Va-t-on lui faire perdre son temps avec des gens « qui souffrent d'une sorte de cécité métaphysique congénitale et dont l'antimétaphysisme est incurable » ?[135]

Il est clair que Gilson ne pense pas à une présence de l'idée de Dieu toujours virtuelle mais jamais actuelle ; il fait entrer dans son bureau l'homme de gros bon sens avec les sabots de l'empirisme.

Dans la longue vie d'Étienne Gilson – quatre-vingt quatorze ans – l'histoire de la notion de « philosophie chrétienne » ne paraît rien présenter qui ressemblerait à une évolution. Certes, l'existence de ce grand voyageur se joue dans un perpétuel changement de décors, sa pensée sur la « philosophie chrétienne » ne cesse de se remettre en question : pourtant, il s'agit toujours de retrouver les grandes lignes d'un dessin fondamental. Cela dit, avec le curieux rassemblement de textes de 1960, je crois percevoir un changement de ton.

Ce qui est essentiel, Gilson ne cesse de le rappeler, l'unique nécessaire, c'est le Dieu de la foi qui est le Dieu du salut. « Le Dieu dont le fidèle croit qu'il existe transcende infiniment celui dont le

132. *Ibidem*, p. 94.
133. *Ibidem*, p. 88.
134. *Ibidem*, p. 89.
135. *Ibidem*, p. 91.

philosophe prouve l'existence : *souvent* – soulignons ce mot – c'est un Dieu dont le philosophe ne saurait avoir aucune idée». Et encore : «Toutes les démonstrations philosophiques restent au-dessous de cette révélation divine qui est surnaturelle». Certes, Gilson va longuement montrer le rôle et les limites de la raison dans la théologie et dans cette philosophie qu'il appelle chrétienne. Là, il parle comme un philosophe qui parle de philosophie. Le ton change quand il parle des conséquences de ces vues dans sa vie personnelle.

Telle est, par exemple, cette admiration chaleureuse qu'il éprouve pour Léon XIII. Telle est aussi cette relative indifférence aux démonstrations de l'existence de Dieu qu'il ne cherche nullement à cacher au début de *L'Athéisme difficile.* Plus étonnant encore est ce que nous lisons dans une longue note presque à la fin du *Plaidoyer pour la servante* [136]. Gilson vient de lire un ouvrage récent dont l'auteur déclare ne pas voir pourquoi le nominalisme, l'idéalisme kantien et hégelien, voire le positivisme, ne pourraient pas «contribuer à une certaine intelligence de la foi». Or, Gilson dit : pourquoi pas ? «J'irais jusqu'à dire que l'on ne devrait pas troubler la paix de l'esprit de ceux qui sont satisfaits de ces doctrines si cela contribue à leur foi et s'il n'y a pas de philosophie meilleure qui leur soit intelligible». Par exemple : «J'ai connu un prêtre pour qui la vérité philosophique était le système d'Octave Hamelin». En somme «mon point de vue présent est le suivant» : «laissons chacun aller vers Dieu le mieux qu'il peut», ce qui implique réciproquement, que les autres lui reconnaissent le droit d'être thomiste.

Dans sa vie comme dans sa philosophie, une logique rigoureuse gouvernait la pensée – et la conduite d'Étienne Gilson. Ainsi il avait spontanément le respect d'une liberté qu'il reconnaissait à l'autre, comme l'autre avait le devoir de la reconnaître en lui. Toutefois, sous-jacente à cette logique, et sans doute plus profonde, il y avait une générosité de l'intelligence. Il ne faut pas désespérer ces esprits qui se promènent dans l'histoire de la philosophie comme dans un cimetière. Ce prêtre qui a trouvé son Bien dans Hamelin, après tout, il a trouvé un chemin.... alors ? en bref, la servante s'arrange comme elle peut.

Un jour, à la fin de je ne sais plus quelle conversation, Gilson m'a dit : «soyez bon».

136. *Plaidoyer pour la servante, Ibidem,* p. 91, note 6. Gilson vient de lire : Jean-Marie PAUPERT, *Peut-on être chrétien aujourd'hui ?*, Paris, Grasset, 1986.

TROISIÈME ESSAI

LA PHILOSOPHIE DE L'ART SELON ÉTIENNE GILSON

La justification de la publication de cet essai est l'importance de son sujet ou, plus exactement, le fait que cette importance me semble méconnue. Étienne Gilson est universellement reconnu comme un maître dans l'histoire de la pensée médiévale. Il est naturel qu'un historien de la philosophie devienne lui-même un philosophe. Il est naturel qu'un historien de la philosophie de saint Thomas devienne l'auteur de *l'Etre et l'Essence*. Mais combien sont-ils ceux qui mettent sous le nom de Gilson une philosophie de l'art ?

Il s'agit ici, en effet, de philosophie de l'art. On peut espérer qu'un jour un candidat au doctorat choisira comme sujet « Étienne Gilson et l'art». Vaste sujet si l'on songe que Gilson éprouvait du plaisir à écrire des articles d'histoire littéraire et ses impressions sur la peinture ou la musique.

Nous laissons à ce futur docteur le soin de publier une bibliographie complète des œuvres de Gilson, y compris la philosophie des arts. Nous limiterons notre étude aux réflexions du philosophe sur la philosophie des arts.

Étienne Gilson est mobilisé en 1914; en février 1916 on le trouve à Verdun, «sous-lieutenant à la Compagnie de mitrailleuses du 164e Régiment d'infanterie»; une citation à l'ordre de ce régiment donne cette précision : «a été, le 23 février, enseveli et sérieusement contusionné par un obus. Il a été fait prisonnier le même jour »[1]. Or quelques semaines plus tôt, il avait envoyé à la *Revue de Métaphysique et de Morale* un article daté « En campagne, novembre-décembre 1915 » : *Art et Métaphysique*, lequel article fut immédiatement publié[2].

Déjà apparaît dans cet article ce qui sera toujours la méthode de Gilson : d'abord constater un fait, puis se demander s'il est significatif et, dans ce cas, chercher ce qu'il signifie.

« Les philosophes ont consacré beaucoup plus d'efforts à éclaircir les rapports de la métaphysique et de la science qu'à déterminer ceux qui s'établissent entre l'art et la métaphysique ». Tel est le fait. Or « cette différence de traitement n'est pas sans fondement » ; sans doute y a-t-il là un pressentiment confus de ce qui sera la thèse de Gilson, à savoir que « l'art et la métaphysique se développent dans des directions divergentes »[3]. La métaphysique est connaissance, l'art est d'un autre ordre. La métaphysique est, comme la science, de l'ordre du savoir, même lorsqu'elle prétend se distinguer radicalement de la science, lorsqu'elle cherche la réalité au-delà des concepts, lorsqu'une intuition saisit immédiatement ce réel, laissant à l'intelligence la tâche de connaître pour agir. Dans ces pages, le nom de Bergson n'est cité qu'une seule fois et en passant – parfait exemple du philosophe qui est *aussi* artiste – mais l'article est imprégné de bergsonisme : la tentation de définir l'art comme une certaine vision du monde est, dans des philosophies, déjà structurée par le dualisme intuition-raison[4].

De la dizaine de pages qui écartent les confusions possibles entre l'art et un savoir, retenons trois idées : 1° Qui dit « art » pense « œuvre d'art » ; 2° l'œuvre d'art est « un objet réel qui n'ait pas d'autre fonction que d'être beau »[5]; 3° « le seul mot par lequel on puisse caractériser le résultat de l'activité artistique est celui de création »[6].

1. Titres et fonctions d'Etienne Gilson dans *Mélanges offerts à Etienne Gilson*, Toronto, Pontifical Institute of Medieval Studies, et Paris, Vrin, 1959, p. 10.

2. *Revue de Métaphysique et de Morale*, n° 23, 1915.

3. *Ibidem*, p. 243.

4. Ce qui ne veut nullement dire que Gilson vise ici Bergson; envisage des formes de pensées dépersonnalisées.

5. *Ibidem*, p. 251.

6. *Ibidem*, p. 253.

Alors, écoutons Gilson : nous avons là une page qui est comme l'introduction à toute sa pensée sur l'art.

> L'œuvre d'art est une réalité nouvelle que l'artiste ajoute à l'univers; César Franck achève une pièce symphonique; une maternité sort des mains de Carrière, quelque chose de nouveau vient de s'introduire dans le monde. Quelque chose de nouveau et non point une connaissance qui existait plus profonde, plus intime ou spécialement originale de ce qui existait déjà. Par la pensée du savant ou du métaphysicien, l'univers ne fait que prendre conscience des résultats auxquels il est déjà parvenu ; par l'effort de l'artiste, il s'accroît d'une richesse qu'il ne possédait pas encore[7].

Et encore :

> L'artiste n'est pas seulement un artisan habile à capter les énergies du monde physique en vue de notre utilité, ni un savant ou un philosophe, miroirs en qui se reflète l'univers. Il est une des forces créatrices de la nature. Il produit à l'existence des êtres que les autres hommes peuvent connaître mais qu'ils n'auraient pu créer et qui, si lui-même n'existait pas n'auraient jamais existé. Lorsqu'il meurt, la série de ces êtres qui se ressemblent tous comme les enfants d'un même père, se trouve close pour jamais, et la plus ingénieuse piété des disciples les plus dociles ne réussira pas à l'accroître d'une seule unité. La disparition d'un Pierre Curie ou d'un Henri Poincaré peut retirer dans le lointain l'heure de découvertes qui, eux vivants, eussent été proches, mais elle ne rend point ces découvertes impossibles. La disparition d'un André Chenier ou d'un Albéric Magnard anéantit à tout jamais l'espoir des chefs d'œuvre à venir que promettait leur génie : la mort de l'artiste est une diminution de la valeur du monde[8].

Ces derniers mots sont la traduction de l'épigraphe mise par Gilson en tête de son article : c'est l'adieu de D'Annunzio à la barque funèbre qui quitte le port de Venise avec le cercueil de Richard Wagner :

> « Richard Wagner est mort!
> Le monde parut diminué de valeur »[9].

L'œuvre d'art, avons-nous dit, « n'a pas d'autre fonction que d'être belle ». Il s'agit donc d'une relation entre l'œuvre et celui qui la regarde ou l'entend ». Précisons : il s'agit d'une action de l'œuvre sur

7. *Ibidem*, p. 253.
8. *Ibidem*, p. 253-254.
9. *Ibidem*, p. 243; Gabriele D'ANNUNZIO, *Le feu*, traduction de G. Hérelle, Paris, Calmann Lévy, sans date, p. 432.

celui qui la regarde ou l'entend. Ce qu'indique bien une réaction spontanée : « ce qui caractérise le chef d'œuvre véritable, ou ce que nous appelons ainsi c'est que selon l'expression familière, *on ne s'en lasse pas* »[10].

Gilson n'a pas tout dit sur l'art dans l'article *Art et Métaphysique*.

Le 23 février 1916, le sous-lieutenant Étienne Gilson est fait prisonnier à Verdun[11]. Or, dans son dernier numéro de l'année 1917, la *Revue philosophique de la France et de l'étranger* publie un long article – 23 pages – sous le titre *Du fondement des jugements esthétiques,* signé : « Étienne Gilson, Camp d'officiers prisonniers Burg bei Magdeburg, Allemagne ».

Dans le premier livre qu'il consacre à la philosophie de l'art, *Peinture et réalité* ou plus exactement *Painting and Reality,* Gilson tient à rappeler son article de la *Revue de Métaphysique et de Morale* avec la date de sa rédaction : 1915, et non celle de sa publication : 1916. Nous lisons donc dans la préface de l'ouvrage : « ... Quant aux positions philosophiques soutenues dans ce livre, on en trouvera l'origine dans un article de la *Revue de Métaphysique et de Morale,* publié en 1915 sous le titre d'*Art et Métaphysique* »[12].

Gilson ajoute, en souriant, ce qu'il peut y avoir eu de continuité et de discontinuité dans le mouvement qui relie le livre à l'article de la *Revue de Métaphysique et de morale*, mais nous n'avons trouvé ni su trouver aucune référence à celui de la *Revue philosophique*.

C'est une question qu'un historien des idées examinerait aisément ; autrement dit, Gilson laisse à ses historiens le soin d'étudier la question classique de l'unité de sa pensée.

Faut-il supposer qu'en lisant son article de 1915 l'auteur de *Peinture et réalité* percevait un sentiment de continuité qu'il n'éprouvait pas en lisant celui de 1917 ? Rien ne permet une telle hypothèse. En fait, il y a entre les deux articles une différence de situation.

Le titre même du premier article indique une recherche métaphysique. Gilson découvre et pose les principes d'une philosophie de

10. *Ibidem*, p. 258.

11. Sur Gilson et la guerre, Laurence SHOOK, *ouvrage cité*, ch. 5.

12. *Peinture et réalité*, p. 9. Version anglaise, page X : « My first publication concerning the philosophy of art was written in November-December, 1915, and published the next year in the *Revue de métaphysique et de morale*, under the title *Art et Métaphysique* ».

l'art, c'est à dire les fondements des valeurs impliquées sous des mots comme « art », « beauté », « esthétique ». L'essentiel est donc dans le premier article sur le fondement des jugements esthétiques ; il va être dit d'une autre façon dans le second.

Après *Art et métaphysique* (1916), et *Du fondement des jugements esthétiques* (1917), nous avons la chance d'avoir jusqu'en 1958 une minutieuse bibliographie des écrits d'Étienne Gilson qui comporte 648 numéros[13]. Or, nous ne trouvons qu'en 1957 des écrits touchant la philosophie de l'art *stricto sensu.*

Ce qui provoque un retour aux questions posées et résolues une quarantaine d'années plus tard, c'est une invitation de la Bollingen Fondation à faire à la National Gallery of Art (Washington), six leçons sur un sujet intéressant les beaux-arts. Aux termes de l'invitation, ces leçons devaient former le noyau d'un livre. Les leçons furent faites et le livre a été publié sous le titre de *Painting and Reality* à New-York en 1957. Ajoutons : avec 117 illustrations.

Cette même année, participant au IXe Congrès des sociétés de philosophie de langue française, tout naturellement, Étienne Gilson choisit le sujet de sa communication, *Peinture et imagerie*, dans le domaine qu'il vient d'explorer pour ses leçons de Washington.

En 1958 paraît alors non pas une traduction mais une nouvelle version de l'ouvrage entrepris pour la fondation américaine : *Peinture et réalité*, Paris, Vrin. Nous lisons bien sûr le texte français mais en utilisant le précieux Index historique et philosophique de l'ouvrage anglais.

Il faut encore attendre cinq ans pour voir Gilson entreprendre une œuvre synthétique comprenant une philosophie générale de l'art et une philosophie propre à chaque art en particulier. Les premières lignes de l'*Introduction aux art du Beau* nous disent la cause occasionnelle de ce retour à la philosophie sur la route ouverte en 1915 : cette parole de Lucien Febvre : « Assurément, l'art est une façon de connaissance ». La réaction de Gilson est immédiate : « Le présent livre repose sur la conviction profonde et invétérée chez son auteur, que l'art n'est pas une façon de connaissance, mais qu'il relève au contraire d'un ordre distinct de celui du connaître, qui est l'ordre du faire ou s'il est permis

13. *Supra* note 1.

de s'exprimer ainsi, de la facticité. Du commencement à la fin, le livre se prépare à le dire, le dit ou l'explique... ».

Ce livre, ce qui l'a provoqué, c'est le mot « assurément ».

Ce livre en appelait un autre sur la philosophie propre à chaque art, c'est *Matières et formes* dont le sous-titre dit parfaitement le sujet : *Poiétique particulière des arts majeurs*, Paris, Vrin, 1964. Ces « arts majeurs », c'est-à-dire l'architecture, la statuaire, la peinture, la musique, la danse, la poésie, le théâtre.

Devant ce bel ensemble, Etienne Gilson prend, pourrait-on dire, conscience tout naturellement de la qualité proprement philosophique de son œuvre sur la philosophie de l'art ».

Le premier ouvrage de Gilson dans le domaine qui nous intéresse ici, ce premier ouvrage a pour objet, le titre le dit, un art particulier, la peinture prise elle-même sous un point de vue particulier, celui de ses rapports avec la réalité. Mais une réflexion philosophique sur un art particulier ne peut pas ne pas situer cet art en considérant l'art en général.

Aussi lit-on en tête du second ouvrage : « Après *Peinture et Réalité* qui se proposait d'aller de l'art à la philosophie, et même d'un art particulier à la philosophie la plus générale, on a voulu cette fois redescendre vers la notion la plus générale de l'art en tant que telle. *Peinture et Réalité*, puis *Introduction aux arts du Beau*, et enfin *Matières et Formes*, ces trois livres constituent un ensemble logiquement charpenté qui doit être appelé une philosophie de l'art.

Gilson continuera, si les circonstances l'invitent, à considérer des problèmes qui se rapportent plus ou moins directement à la philosophie des arts.

Or l'année même où Gilson publie le troisième, les circonstances l'invitent à ajouter une sorte d'appendice. Les 7, 8, et 9 septembre 1964, Étienne Gilson donne trois leçons au Cours international de haute culture, pour la Fondation Giorgio Cini, dans l'île de San Giorgio Maggiore, à Venise : ces leçons ont été publiées sous le titre général : *L'industrialisation des arts du Beau.* C'est ce texte revu et complété qui est devenu un petit livre : *La société de masse et sa culture*, Paris, Vrin, 1967 ; toutefois avec un changement d'expression : « culture de masse » remplace « industrialisation », car « l'industrialisation des produits culturels n'est que le moyen de créer une culture de masse»[14]. Mais il y a là déjà une autre histoire ou, du moins, un autre point de vue sur l'histoire.

Dans le sillage de ces quatre livres qui exposent ce qui est essentiel à l'art en général et ce qui est essentiel à chaque «art majeur», il convient de situer deux études complémentaires.

D'abord *Plaidoyer Pour Boekmesser* publié dans la *Revue internationale de Philosophie* en 1964[15]. Gilson lui-même nous dit : «le présent essai complète le chapitre V, note 15, page 178 de notre livre *Matières et formes*», c'est à dire le chapitre sur la musique. Très exactement, il s'agit de la musique unie au théâtre dans l'opéra, surtout dans ce que Richard Wagner appelle «le drame musical».

La seconde étude est l'article publié dans *Diogène* en 1966 : *Photographie et beauté*[16]. Il s'agit, en effet, de savoir si on peut parler d'une belle photographie et de se demander : pourquoi la photographie ne serait-elle pas, elle aussi, un art du beau ?

«Connaître» est, par exemple, le but des sciences. «Agir», autre exemple, conduit droit à une morale. «Faire» est l'œuvre des «arts et métiers», Gilson aime à le répéter.

> L'immense majorité des activités de fabrication se proposent comme fin de produire et de multiplier des objets utiles en tous ordres d'utilité.[17]

«Il n'y a pas opposition entre l'utile et le beau»; en ce sens qu'un même objet peut être dit à la fois «utile» et «beau», mais ce *et* signifie un changement de point de vue, c'est d'un autre ordre. La beauté d'une voiture automobile ou la beauté d'un avion appartiennent bien à des œuvres faites par les hommes compétents dans certains «arts et métiers», mais ces œuvres n'ont pas été faites en vue de leur beauté, et il y a dans leur construction une primauté de l'article. Si je dis : cette voiture est belle, je laisse entre parenthèses son utilisation, et les services qu'elle peut rendre.

Pareilles formules ne soulèvent aucune difficulté. Il s'agit de qualités qui n'appartiennent pas à l'essence de l'objet. L'architecture posera d'autres problèmes!

14. *Introduction aux arts du Beau*, préface.
15. *Art et métaphysique*, p. 263.
16. *Introduction aux arts du Beau*, début de la préface.
17. *Matières et formes*, La peinture, p. 122.

Reste à savoir comment la philosophie gilsonnienne se heurte à des difficultés créées par sa propre logique. Tel est le cas de la présence d'une peinture sans images, et celui de la finalité propre à l'architecture.

Considérons la peinture non-figurative. En écrivant un livre sur *Peinture et réalité*, Étienne Gilson ne pouvait pas ne pas rencontrer l'apparent paradoxe d'une peinture sans reférence explicite à la réalité. Dans *Peinture et réalité*, Gilson emploie très peu l'expression «peinture non figurative»; il écrit, en passant, «la peinture non représentative»; mais il parle couramment de peinture abstraite. Dans le chapitre de *Matières et formes* sur la peinture non figurative, «peinture non-représentative, peinture abstraite» sont, en fait, synonymes. Or il y a abstraction dans certaines peintures figuratives; que l'on pense aux portraits peints par Picasso. Pour éviter toute équivoque nous réservons «non-figuratif» («ou non-représentatif») aux œuvres qui ne présentent aucune référence apparente au réel.

Voici donc l'auteur de *Peinture et réalité* devant la question de la peinture non-figurative; du moins faut-il pour la poser savoir ce qu'est la peinture figurative, ce que Gilson explique longuement dans un chapitre qui a pour titre *Peinture et imagerie*.

Ce chapitre commence par constater un fait : «On ne peut nier que selon l'usage commun tous les tableaux peints ne soient des images». Or une phrase curieuse suit : «En ce sens, on peut nommer image toute peinture, vue ou concevable par l'esprit, encore même qu'elle ne se composerait que de lignes et de couleurs assemblées en un certain ordre, sans aucun souci d'imitation ni de représentation». La conséquence logique de «ce sens large» est que l'imagerie n'est pas dans l'essence de la peinture, et qu'une peinture peut être non figurative sans cesser d'être une peinture. Ainsi, avec image «au sens large», la peinture non figurative ne ferait plus problème, et on peut prendre à la lettre la célèbre définition que Maurice Denis donne du tableau : «un tableau – avant d'être un cheval de bataille, une femme nue ou une quelconque anecdote – est essentiellement une surface plane recouverte de couleurs en un certain ordre assemblées».[18]

Quand il aborde sa recherche sur l'essence de la peinture, Gilson use non pas de ce sens large mais du sens courant; c'est bien naturel, il

18. Maurice DENIS, *Théories*, 189-191. *Du symbolisme et de Gauguin vers un nouvel ordre classique*, 4e édition, Paris, L. Rouart, 1921, p. 1.

écrit un livre sur «peinture et réalité»[19]. Or la réalité, c'est d'abord une peinture qui est imaginée dans la diversité de ses styles. Gilson, on le sait, entend ne jamais quitter le monde des faits : il parlera donc de la peinture non figurative si elle existe. Or la peinture dont il cherche l'essence est une longue histoire où cette peinture est toujours figurative. Ses analyses font apparaître à l'origine des images l'imitation; ces images sont donc représentatives, elles signifient quelque chose, on parle de modèles... Nous ne pouvons certes pas suivre Gilson dans ce musée intérieur qu'est sa mémoire. Retenons simplement qu'une «remarque de Delacroix», passage d'une grande importance, ouvre à ses yeux des voies nouvelles : «Si l'art est invention, poésie... le réalisme en est la négation même. En effet, dans la mesure où elle est art, la peinture est invention. Pour être vraiment art, c'est-à-dire invention et apport propres de l'artiste, l'œuvre peinte doit prendre sa source dans l'esprit du peintre, non dans la réalité». C'était là accorder à l'artiste une liberté ou mieux une libération par rapport à la réalité dont personne ne pouvait prévoir jusqu'où elle irait.

Laissons avec regret Gilson commenter les effets de cette libération : Gauguin et Van Gogh, Cézanne et Matisse, Picasso et Juan Gris, et bien d'autres encore. Allons droit au nom qui peut symboliquement être considéré comme un point d'aboutissement : Piet Mondrian.[20]

Revenons à la définition de la peinture selon Maurice Denis; une fois effacés le cheval de bataille, la femme nue et toute anecdote, que reste-t-il? C'est ce reste qui sera l'essence de la peinture, ce sans quoi il n'y aurait pas peinture. Après nous avoir dit ce qui n'est pas essentiel, Maurice Denis ne pouvait pas ne pas dire ce qui l'est : une surface plane recouverte de couleurs en certain ordre assemblées. La définition ne propose aucun ordre précis. Ici, ne jouons pas sur les mots. Il est certes permis de dire que plusieurs couleurs juxtaposées font une figure; mais qu'est-ce qu'une figure qui ne représente rien, une figure qui ne signifie rien? Mieux que tout discours, un tableau de Mondrian fait ressortir la différence irréductible entre le figuratif et le non-

19. *Peinture et réalité*, p. 241, DELACROIX, *Œuvres littéraires*, Paris, Crés, 1922, I, p. 58.

20. *Peinture et réalité*, pp. 281-287. Voir les écrits de Piet Mondrian que Gilson pouvait connaître avec leur abondante illustration, par exemple, dans : *Chefs d'œuvres de l'Art, Grands Peintres*, Paris, Hachette, 1967 : Exposition Mondrian, Orangerie des Tuileries, janvier 1969, Catalogue.

figuratif. Tous les livres sur Mondrian reproduisent le tableau « Nature morte au pot de gingembre » : le fond du tableau est un enchevêtrement rythmé de triangles rectangles, mais au premier regard nos yeux détachent l'objet qui a donné son titre au tableau. Les interprètes de Mondrian sont bien d'accord pour reconnaître là un reste de peinture figurative juste avant l'abstraction complète qui l'éliminera totalement.

On comprend alors le rôle de Piet Mondrian dans la philosophie de la peinture d'Étienne Gilson. Engagé sur une voie où l'essence de la peinture n'implique plus l'imagerie, Piet Mondrian se livre à l'abstraction qui délivre son esprit de l'imitation avec ses représentations et ses modèles mais, au delà des réalistes et des cubistes, il va jusqu'au bout.

Que résulte-t-il de ces vues sur la peinture non figurative ?

D'abord la peinture « devrait prendre pleine conscience de son essence propre ». Désormais, « il n'est plus question de savoir ce qu'est la nature, ni jusqu'à quel point ou comment il convient de l'imiter. La notion d'imitation n'y a plus de place : transférée à l'art de l'imagerie dont elle est la fin propre, elle l'emplit tout entier ». « Où fallait-il s'arrêter ? » ... Mondrian nous le dit quand « il a conduit l'art de peindre à son terme sur la voie de l'abstraction ».

Penser ce cheminement comme un progrès serait tout à fait contraire à la philosophie de la peinture selon Gilson. Celui-ci constate qu'au vingtième siècle il existe une peinture non figurative qui a sa beauté propre, mais qui subsiste à coté et non à la place de la peinture avec imagerie. « L'existence de la peinture non représentative ne prouve pas que tout autre genre de peinture soit devenu impossible, elle prouve simplement que celle-là aussi est possible ». L'artiste seul sait la forme que son œuvre exige.

Étienne Gilson semble bien avoir dit dans *Peinture et réalité* tout ce qu'il avait à dire sur la légitimité d'une peinture non-figurative. Dans *Matières et formes*, l'ouvrage dans lequel il passe en revue les divers arts du Beau, c'est presque à la fin du chapitre sur la peinture qu'il rencontre celle qui se passe des images : « L'évolution de la peinture moderne impose une dernière question ». Ici encore, ce sont les faits qui obligent Gilson à « parler de peinture non représentative, non imitative, ou abstraite ». Ainsi, sous sa plume, ces trois adjectifs disent la même chose ce qui provoque des équivoques dans tout le chapitre.

D'abord dans l'essence de la peinture : « L'art de peindre est producteur d'objets matériels situés dans l'espace comme les œuvres de la statuaire », mais c'est dans un espace à deux dimensions. « Représenter des objets solides à trois dimensions sur un espace à deux dimensions, voilà qui doit entrer dans la définition même de l'art de peindre ». Ce que Gilson exprime en disant : « D'elle même la peinture est abstraite car elle fait abstraction de l'une des dimensions de notre espace ». Il me paraît clair, toutefois, que l'abstraction par l'amputation de la troisième dimension et l'abstraction par l'amputation de l'imagerie sont de nature radicalement différente.

Revenons donc au moment où, voyant venir la fin de son chapitre, Gilson annonce une dernière question : celle de la peinture non figurative.

En fait, elle est résolue. Dans *Peinture et réalité* la réponse se terminait dans la rencontre avec Mondrian. Or ici elle commence avec une réflexion sur ce que Mondrian apporte. Je formulerai alors la question que Gilson se pose : une fois admise l'idée d'une peinture non figurative, un au-delà de Mondrian est-il possible ? peut-on aller encore plus loin que Mondrian dans l'abstraction qui a éliminé l'imagerie ?

Piet Mondrian appelle volontiers ses tableaux *Composition*. L'idée d'ordre inscrite par Maurice Denis dans l'essence de l'œuvre picturale, cette idée introduit même souvent dans les tableaux de Mondrian l'esprit de géométrie. Or l'évolution de la peinture moderne qui aboutit à Mondrian va encore plus loin. Ici comme partout ce sont les faits.

« Un dernier développement a conduit nos contemporains à éliminer de la peinture jusqu'à la forme. On hésite à décrire des œuvres de ce genre qui semblent se réduire à des couleurs assemblées sans ordre apparent sur une surface plane ». Gilson ne cite aucun nom. Il signale simplement « certaines de ces peintures qui offrent l'aspect de pans de murs couverts d'une couche de peinture presque uniforme, sans autre diversité que celle des coups de brosse ». Que devient alors la question : est-ce encore de la peinture ? La réponse de Gilson est une spirituelle fin de non-recevoir :« il se peut que ce soit encore là de la peinture, mais il n'est plus certain que ce soit de l'art ». Il serait trop facile de répondre! Comment le tableau qui cesserait d'être un art ne cesserait-il pas *ipso facto* d'être de la peinture ? A dire vrai, c'est la notion d'œuvre qui est en question. J'ai vu, un jour, des morceaux de toile sur lesquels nous étions invités à admirer les taches obtenues en vidant des pots de peinture. Renverser un pot de peinture est un geste ; est-ce une œuvre ?

Autrement dit : y-a-t-il encore un art là où il n'y a plus d'artiste ? On reste fidèle à la pensée de Gilson en reconnaissant qu'il n'y a plus de peinture au-delà de Mondrian.

Rappelons la définition fondamentale : « Par *expérience esthétique*, j'entends celles des œuvres d'art, particulièrement celles des arts du Beau qui sont les arts dont la fonction propre est de produire des objets voulus pour leur beauté même ».

Alors n'est-il pas étrange de trouver l'architecture en tête des sept arts du beau que Gilson se propose d'examiner ? C'est Gilson lui-même qui le reconnaît : « L'architecture offre le caractère inattendu d'être de tous les arts du beau, le plus évidemment lié à un besoin pratique ». En effet, « l'homme construit des maisons pour s'abriter du froid, du chaud, des vents et de la pluie ». Bien entendu, il y a de multiples façons de bâtir des bâtiments selon les services qu'ils doivent rendre : « Les temples les plus vastes, les palais les plus riches, les immeubles modernes les plus complexes, les usines... l'art de construire de tels édifices est un art véritable, mais cet art est *essentiellement* utilitaire ». Faut-il souligner, ici, la portée de l'adverbe *essentiellement* ? On peut, certes, parler d'une beauté propre aux œuvres d'art mais cette beauté inclut, si l'on peut dire, l'utilité : « elle naît de la parfaite adaptation des moyens à la fin ».

Ainsi, la logique même de sa pensée oblige Gilson à inscrire dans l'essence même de l'architecture des considérations utilitaires, ce qui conduit droit à cette conclusion : « Le bâtisseur ou architecte n'a pas cherché la beauté pour elle-même. S'il l'a rencontrée, et même dans la mesure où il peut l'avoir voulue, cette beauté, d'ailleurs très réelle, est celle qui convient à une architecture *essentiellement* fonctionnelle ». Ici encore soulignons l'adverbe, car c'est lui qui obligerait à dire que cette architecture « ne relève pas de l'ordre des arts du beau » en dehors du service qu'on lui demande : « en tant qu'elle se le propose pour fin, l'architecture n'est pas un des beaux-arts ».

Insistons sur ce point. Gilson sait que pareille déclaration va surprendre. Les architectes eux-mêmes se reconnaissent, avec raison, une compétence artistique et une autorité. Dans leur domaine « la poursuite du beau y trouve toujours quelque place mais elle n'est plus la fin principale». On voit alors en quel sens «il est vrai que la poursuite de l'utilité n'exclut pas celle de la beauté,» mais étant entendu qu'il ne soit pas, on l'a vu, «fin principale».

De telles constatations permettent-elles vraiment de ne plus mettre l'architecture parmi les arts du beau? La pensée de Gilson sur l'architecture ne tient pas tout entière dans quelques affirmations à l'emporte-pièce. Mais restons dans les limites de notre sujet.

Dans ce chapitre de *Matières et Formes*, Étienne Gilson s'exprime sur l'architecture mais il pense à la beauté industrielle en général. Il me semble préférable de ne pas considérer en même temps la beauté d'un palais et la beauté d'une automobile ou d'un avion, car ce qui intéresse ici Gilson, c'est ce qu'il trouve dans la beauté du palais mais non dans celle de l'automobile ou de l'avion. C'est ce qu'il appelle «un paradoxe de l'architecture en tant qu'art». Le contexte montre ce qu'il faut entendre comme art du beau.

Ainsi, trois pages plus haut, la définition fondamentale de l'art imposait logiquement l'obligation de ne plus mettre l'architecture parmi les arts du beau : la réalité impose l'obligation de reconnaître «la nature paradoxale de l'architecture».[21]

Une fois encore, Étienne Gilson obéit à la réalité. Quand il regarde l'architecture parmi les arts du beau, que voit-il? Quelques lignes nous dispensent d'un long discours : «Un tableau ne sert qu'à être vu; la musique ne sert qu'à être entendue; la poésie ne sert qu'à être lue; mais la plus belle des portes sert à passer; la fenêtre sert à éclairer» même les étonnants murs couverts de fresques dans le palais des Doges, à Venise, on est tout surpris d'apprendre qu'«ils ont pour fonction d'enclore des salles de réunion».

«Il est rare de construire un édifice totalement inutile». Les Pyramides d'Egypte et les Arcs de triomphe ne sont pas construits uniquement par amour du Beau. Parmi les cas indiqués au passage par Gilson, le plus incontestablement inutile est le cas de «l'architecte qui croit embellir un bâtiment en lui ajoutant des colonnes qui ne servent de rien».

La coexistence de la finalité utilitaire et de la finalité proprement artistique est, en somme, question de proportion. La recherche de l'efficacité est souveraine lorsque l'architecte construit une gare; mais

21. voir *Matières et Formes*, ch. I, L'architecture, p. 54, sq.

lorsque l'architecte construit une église les impératifs de la beauté sont un appel à la libre imagination créatrice.

* * *

L'absence de Kant dans cet essai pourrait étonner. Or Gilson a lui-même fixé son attitude envers Kant dans l'*Introduction aux arts du Beau* à la fin du chapitre I. Il reconnaît la *Critique du Jugement* comme un « chef-d'œuvre en son genre, mais ce genre est celui de la philosophie de la connaissance ». Il regrette « l'extrême discrétion de Kant au sujet de l'art lui-même ». Il renvoie aux paragraphes 43, 44 et 46. Mais il y trouve une « confusion » entre la philosophie de l'art et la philosophie de la connaissance.

APPENDICE

LES MARCHANDS ET LA BEAUTÉ[1]

M. Etienne Gilson a l'habitude de dire ce qu'il pense sans « tourner autour ». De là, dans un livre comme *La Société de masse et sa culture*[2], un étrange contraste entre la clarté parfois provocante des formules et les nuances d'une pensée scrupuleusement attentive à la complexité des problèmes; étrange contraste, en effet, à une époque où l'on se plaît si souvent à dissimuler sous l'impressionnante obscurité de mots savamment assemblés des idées assez simples.

C'est que la pensée d'Etienne Gilson est toujours une réflexion sur le réel; elle est toujours une interprétation de faits, que ces faits soient un document, une statistique, ou une expérience vécue. Or il est extrêmement difficile de découper un fait, surtout lorsqu'il s'agit du « phénomène humain », de tenir compte de tous les faits, surtout lorsqu'il s'agit d'une réalité aussi immédiatement contemporaine que celle dont traitent les quatre chapitres de l'ouvrage : I. *Arts plastiques de masse*; II. *Musique de masse ;* III. *Littérature de masse*; IV. *Liturgies de masse.*

Sur tous les sujets qu'évoquent ces titres, le Français cultivé a des idées : en écrivant *La Société de masse et sa culture,* M. Etienne Gilson a pour première intention de l'inviter à substituer des points d'interrogation à ses certitudes. Que le lecteur salue comme un progrès évident l'afflux des visiteurs à l'exposition Picasso ou qu'il déplore comme une profanation évidente la vulgarisation musicale par la radio, il est prié de mettre entre parenthèses ses pseudo-évidences. On reconnaît dans cette attitude critique la première condition de toute

1. Cet article est paru dans les *Nouvelles Littéraires* le 3 août 1967.
2. *La Société de masse et sa culture,* 150 p. in-8° Paris, J. Vrin 1967.

recherche philosophique. « Nous sommes en plein domaine métaphysique », écrit froidement Etienne Gilson, à la fin d'une note sur les « droits d'auteur » du philosophe et du poète, qui ne peut se dire propriétaire de sa philosophie ou de sa poésie, quoiqu'il semble avoir pourtant quelque droit de propriété sur le livre mis en vente par son éditeur et les libraires. Ainsi, chaque chapitre de ce livre si parfaitement écrit dans la langue de l'honnête homme a pour fin d'obliger ledit honnête homme à voir des questions proprement philosophiques là où il ne voyait que des sujets de conversation.

Quelles sont donc les idées qui conduisent M. Etienne Gilson à un énoncé philosophique de ces questions ?

La première est sans doute que l'industrialisation dans les arts du beau implique la substitution d'une finalité commerciale à une finalité esthétique, ou du moins la mise au premier plan de cette finalité commerciale. Inutile de riposter à coups d'idées simplistes. M.Gilson, on s'en doute. sait parfaitement que l'éditeur de livres d'art, et l'éditeur de disques, et l'éditeur de livres de poche, ont une préférence pour les chefs d'œuvre, que cette préférence peut même unir un très vif goût artistique au souci commercial. Il reste qu'un recueil de reproductions, un disque et un ouvrage à gros tirage font intervenir de multiples activités dont la fin est le gain. Précisons : M. Gilson ne sent pas l'obligation de se voiler la face lorsqu'il prononce le mot « argent ». Faisant allusion à ses deux éditions du *Discours de la méthode,* la grosse avec commentaire, la petite à l'usage des classes, il constate avec « honte », mais non sans humour, que l'œuvre de Descartes lui « a rapporté plus » qu'à son auteur. L'industrialisation des « arts du beau » monopolise des capitaux : l'argent qui sert à la production doit se retrouver au niveau de la consommation, c'est normal. Le philosophe reconnaît simplement que les fins liées à la fabrication d'un objet et celles qui sont liées à la création d'une œuvre ne sont pas les mêmes.

Si M. Etienne Gilson ne met pas en question l'argent au service des « arts du beau », il n'accepte pas certaines façons contemporaines de mettre les « arts du beau » au service de l'argent. Ici est la seconde idée fondamentale du livre, celle qui laisse deviner, sous la discussion philosophique, les réactions et les règles de l'homme qui doit aux grandes œuvres artistiques de trop pures jouissances pour ne pas se sentir offensé par les astuces de la publicité; ne parlons même pas de bandeaux alléchants du genre : *Elle scandalise son éditeur* pour annoncer un recueil de poèmes écrits par une jeune fille... Mais

Etienne Gilson ne peut lire sans une sainte colère tel prospectus ou article « assurant que la Pietà se voit mieux à l'exposition de New York qu'à Saint-Pierre de Rome », cela à la faveur d'un décor « plus dramatique », une immense croix illuminée se dressant derrière la statue de Michel-Ange, etc.

Laissons Etienne Gilson suivre les conséquences de la publicité jusque dans la psychologie des artistes. Allons droit à une troisième idée, la plus essentielle peut-être: comme *Les Arts du beau* (1963), comme *Matière et forme* (1964), *La Société de masse et sa culture* est une réflexion sur l'expérience esthétique. Si cette dernière implique une relation personnelle avec une œuvre d'art, suffit-il de multiplier les possibilités d'entrer en relation avec les œuvres d'art pour multiplier les expériences esthétiques ? La Vénus de Milo au Japon, la Pietà aux Etats-Unis, sont présentées comme des « attractions » ; la publicité les transforme en « objets de curiosité » : combien de visiteurs y cherchent et y voient autre chose ? Question plus difficile encore : y a-t-il vraiment expérience esthétique lorsque l'œuvre d'art est remplacée par son image ?

M. Etienne Gilson ne condamne pas les expositions-foires : « Si l'une d'elles décide d'une seule vocation de sculpteur ou de peintre, ce qui n'est pas impossible », elle est justifiée. Nul ne connaît et n'apprécie mieux que lui les avantages pédagogiques et culturels des reproductions photographiques, des disques, du livre à bon marché. Aussi serait-il ridicule de voir sous ses propos une certaine nostalgie du « bon vieux temps » excitée par la passion anti-technicienne.

On souhaiterait plutôt qu'il ajoutât d'autres analyses à celles qu'il nous donne ici, par exemple sur la spécificité du cinéma comme art, présenté, en passant, comme une simple « industrialisation de l'art théâtral », ou sur les enregistrements musicaux. Le plaisir que donnent ces derniers, lisons-nous, « est à la musique ce que le plaisir de voir la photographie d'un tableau est à celui de voir le tableau ». Or la phrase qui suit immédiatement ne corrige-t-elle pas la comparaison ? Car « ce n'en est pas simplement une image affaiblie, précise Gilson, c'est un autre objet » ; surtout si l'on observe que, quelques lignes plus haut, l'auteur tient l'enregistrement pour objet possible d'expérience esthétique ? La musique qui se déroule dans le temps en sortant du disque comme en sortant des instruments est-elle une simple photographie sonore ou ne jouirait-elle pas d'un autre mode d'existence ?

Le dernier chapitre de ce livre passionnant pose une question qui dépasse l'art au milieu de celles qui concernent l'art sacré post-conciliaire. La liturgie de masse implique la traduction de certains textes latins dans la langue nationale. Or, dans la version française du Credo, le Fils est dit « de même nature que le Père » : évoquant les querelles célèbres des premiers siècles de l'Eglise, M. Gilson avait trouvé étrange cette façon de traduire *Consubstantialem Patri* et il avait aussitôt exprimé sa surprise dans un article de *La France catholique* du 2 juillet 1965 : Suis-je schismatique ? La consubstantialité du Fils et du Père, n'est-ce point, en effet, le mystère de la Trinité ? « de même nature que le Père, c'est vrai de tous les fils… ». Deux ans après avoir posé sa question, M. Etienne Gilson doit constater que celle-ci est vraiment d'un autre âge, puisqu'il attend toujours une explication de la nouvelle formule. La liturgie de masse exigerait-elle aussi une théologie de masse ?

BIBLIOGRAPHIE SOMMAIRE

Henri GOUHIER, «Digression sur la philosophie...», dans *La philosophie et son histoire,* Paris, Vrin, 1944. (Bibliographie).

Antonio LIVI, Etienne GILSON, *filosofia cristiana e idea del limite critico*, Ediciones universidad de Navarra, Pamplona, 1970. (Bibliographie)

Lettres de monsieur Etienne Gilson au Père de Lubac, Editions du Cerf, 1986.

Etienne GILSON, Jacques MARITAIN, *Correspondance, 1923-1971*, Paris, Vrin, 1991. Editée et commentée par Géry Prouvost. (Importante note historique)

Henry BARS, «Gilson et Maritain», extrait de la *Revue Thomiste*, avril-juin 1979

Etienne Gilson, philosophe de la chrétienté, par J. Maritain, Mgr.de Solages, A. Forest, H. Gouhier, H. J. Marrou, M. de Condillac, Th. A. Audet, P. Vignaux, P. Mesnard, M. Chastaing, R. Verneaux, L. B. Geiger, E. Gilson, Editions du Cerf, Rencontres, Paris, 1949.

Etienne Gilson et nous : La philosophie et son histoire, textes de : M. Th. d'Alverny, P. Aubenque, J. Beaufret, G.Bougerol, P. Cahné, M. D. Chenu, Y. Corny, J. F. Courtine, M. de Condillac, H. Gouhier, P. Hadot, J. L. Marion, E. Martineau, G. Rodis-Lewis, P. Vigneaux, réunis et publiés par Monique Couratier, Paris, Vrin, 1980.

La reception de la pensée d'Etienne Gilson dans la philosophie contemporaine en France, Colloque organisé par G. Prouvost, avec la participation de : B. Pinchard, G. Conticello, R. P. Bonino, A. de Libera, D. Boulnois, E. Jeauneau, J. F. Courtine, R. P. Weber, J. L. Marion (à paraître).

TABLE DES MATIÈRES

ACHEVÉ D'IMPRIMER
EN JANVIER 1993
PAR L'IMPRIMERIE
DE LA MANUTENTION
A MAYENNE
N° 9-93